MOTIVATION BOOK

Cynthia Kafka

3 MOIS pour avoir confiance en soi

MOTIVATION BOOK

Cynthia Kafka

3 MOIS
pour avoir confiance en soi

hachette
BIEN-ÊTRE

Sommaire

HELLO !

Dans ma vie quotidienne, comme sur les réseaux sociaux, je passe – souvent – pour la délurée de service. Celle qui ose, celle qui se moque du regard des autres, celle qui s'assume, celle qui, en définitive, a drôlement confiance en elle pour faire autant de choses complètement dingues. Et c'est vrai. Je peux le dire, oui, j'ai confiance en moi. Enfin… la majeure partie du temps !

Néanmoins, cela n'a pas toujours été le cas, et j'ai même — ce qui étonne toujours les proches qui ne me connaissent que depuis quelques années — été très timide et peu confiante. Je doutais de moi, de mes compétences, de ce que j'entreprenais. Je me revois encore pleurer des soirées entières avant un contrôle de maths parce je n'allais jamais, jamais y arriver… ou me coller un mal de bide terrifiant parce que je devais présenter un exposé, ou juste aborder quelqu'un. Je me revois regarder les opportunités me passer sous le nez parce que je n'avais pas osé m'en saisir. Je me revois me dire, après coup, que j'aurais dû réagir autrement… sauf que c'était trop tard !

J'ai eu la chance d'avoir un entourage formidable, qui m'a appris à ne pas avoir peur et à me dépasser, et je me suis moi-même infligé quelques coups de pied au derrière — n'essayez pas de mettre une image sur ces mots, le résultat serait très déroutant ! — afin de me donner toutes les chances de posséder une certaine confiance en moi. Et j'ai réussi. Enfin… quelque temps.

J'avais presque oublié que mon caractère n'avait pas toujours été aussi fort quand j'ai été victime de harcèlement moral là où, pourtant, j'éprouvais le plus de confiance : sur mon lieu de travail, dans cette bulle qui a alors éclaté. Ma zone de confort ainsi pillée, je n'avais pas d'autre choix que de me recroqueviller sur moi-même… ou de rebondir. Encore une fois, grâce au soutien, à l'écoute et aux encouragements de mes proches et ma propre volonté, j'ai pu relever la tête et me lancer dans une restauration massive de ma confiance en moi-même. Tout un programme !

Pendant cette période, j'ai appris quelques petites choses. Déjà, que la confiance en soi ne se reçoit pas tranquille pépouze dans son berceau, du bout de la baguette d'une fée marraine bienveillante. Elle se cherche, elle se travaille, elle doit se chérir et se protéger. Et elle n'est pas acquise, ni dans tous les domaines de la vie, ni même dans le temps. On peut la perdre de vue, la repêcher, lutter pour qu'elle ne se barre pas sans nous en vacances au soleil. Elle se booste et se développe au quotidien, au fur et à mesure des expériences de la vie. La confiance est une bonne amie qu'il ne faut jamais perdre de vue et qui nous accompagne dans tous les moments forts de notre existence. Parfois, c'est grâce à elle qu'on se lance dans des actions. D'autres fois, c'est grâce à certaines actions qu'on la retrouve ou qu'on la renforce.

Elle fait partie d'un cercle vertueux.

Personne n'a démesurément confiance en lui. Chacun a des moments de doute qui peuvent nous aider, ou qu'il faut réussir à dépasser.

Et la plupart d'entre nous a en soi la force de se dépasser, la volonté d'y arriver et les capacités pour faire ce qu'il désire. Qui ne tente rien… vous connaissez le dicton. Toutefois, si vous vous rendez compte que vous n'y arrivez pas, que cela vous semble une montagne infranchissable, vous trouverez aussi dans ce guide des témoignages de professionnels qui pourront vous aider. C'est nécessaire de le signaler.

Alors, on s'y met ?

Approche holistique

Avant de commencer à écrire ce guide, j'ai posé quelques questions via un document sur les réseaux sociaux. Je m'attendais à recevoir une centaine de réponses. Il y en eut 1067... À croire que le sujet de la confiance en soi ne laisse personne indifférent...

Diriez-vous que vous avez confiance en vous ?

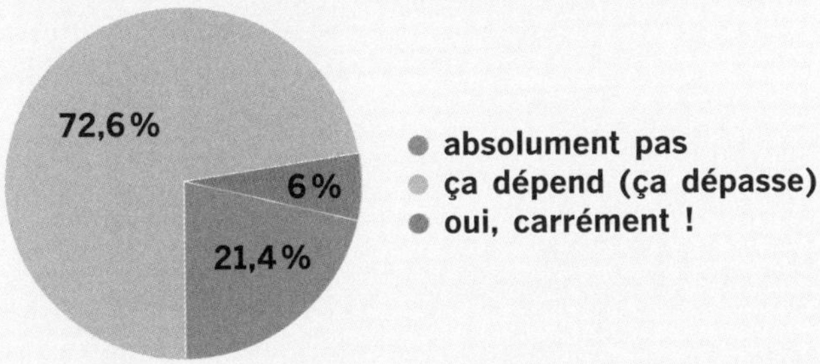

Peu de réponses montraient une totale confiance en soi. Et c'est bien là le souci. On peut en être doté dans le domaine professionnel et en manquer totalement dans le domaine affectif. On peut juste douter un peu en ce qui concerne l'éducation de ses enfants et être totalement paralysé quand il s'agit de parler en public. On peut croire en soi et, un jour, dépassé par de nombreux échecs, perdre toute confiance.

Il n'y a pas de secret ou de recette miracle. Pour gagner en confiance, pour la développer, pour la préserver, il faut bien se connaître, avoir défini ses compétences et ses faiblesses, les accepter ou apprendre à les utiliser pour transformer ces faiblesses en forces...

Chacune d'entre nous connaît au cours de sa vie une période de manque de confiance en soi. De simplement gênant à fortement handicapant, le manque de confiance en soi se traduira par une plus grande timidité, un repli sur soi, de grosses périodes de doute ou de remise en question, voire même par une dépression. C'est pourquoi il est essentiel de ne pas laisser la situation perdurer et de se reprendre en main au plus vite.

On a toutes nos raisons de vouloir gagner en confiance et en estime de soi (qui est bien différente, mais qui accompagne souvent la confiance). Ce sont sur elles qu'il faut s'appuyer pour se donner la motivation dont on a besoin.

En bref, si vous manquez de confiance en vous, que cela vous mine et vous empêche de vivre pleinement, les conseils, astuces et autres témoignages de ce *motivation book* devraient vous aider à y voir plus clair et vous allégeront les épaules et le cœur. Je vous le souhaite sincèrement.

On ne se lâche pas pendant ces trois prochains mois, et vous serez surprise des résultats !

Pourquoi trois mois ?

Est-ce qu'en trois mois, je vais vraiment devenir hyper confiante ? Est-ce que cela va suffire ? Est-ce que si je lis tout ce livre en une nuit, demain matin je serai devenue une autre personne ?

Soyons réalistes : si vous n'avez absolument aucune confiance en vous, lire ce livre en une nuit ne vous servira qu'à être bien fatiguée le lendemain matin... et suivre ce guide pendant trois mois ne suffira pas à faire de vous *THE* modèle de confiance. Mais ça, vous vous en doutiez déjà, non ?

Donc, non, vous ne ferez certainement pas du saut à l'élastique à la fin de votre lecture si aujourd'hui vous hurlez intérieurement (ou pas) en tremblant des genoux rien qu'à l'idée de monter sur une échelle (et de devoir en redescendre sans appeler les pompiers).
Par contre, vous arriverez forcément à monter sur un escabeau, au moins sur la première marche... et ça, c'est déjà un grand pas, non ?

Régulièrement, vous doutez de vous-même. Vous imaginez que vous ne pouvez pas faire mieux, que vous ne pouvez pas repousser vos limites, que vous n'avez que peu de talents. C'est faux, totalement faux, archi-faux (j'arrête là, mais vous avez compris que je m'insurge.)

Grâce à ce *motivation book*, à ses astuces et à ses exercices pratiques, vous allez pouvoir, ces douze prochaines semaines, vous orienter dans une nouvelle dynamique, en apprenant à mieux vous connaître, en découvrant comment canaliser vos émotions et en décelant votre potentiel et les raisons de croire en vous.

Vous allez découvrir les bases de la confiance en vous, souligner le positif, entourer vos faiblesses et commencer à pouvoir appuyer là où ça fait mal (aïe !) pour travailler dessus (au final ça fait du bien).

D'ici trois mois, vous aurez noté vos fiertés, vous aurez avancé sur le cheminement de la confiance en soi, réalisé de nombreuses réussites et contourné pas mal d'échecs.

D'ici trois mois, vous vous serez engagée sur le chemin de la confiance en vous, et vous n'aurez aucune envie de retourner en arrière.

Rien ne s'apprend sans pratique.
Faites-moi confiance,
on va pratiquer !

Comment utiliser ce *motivation book* ?

Ce motivation book a été divisé en mois et en semaines afin de vous donner des repères dans le temps. Néanmoins, les textes qui jalonnent l'ouvrage peuvent être découverts et lus les uns indépendamment des autres, selon votre intérêt.

Dans un premier temps, découvrez le sommaire, feuilletez-le : certains sujets vous interpelleront immédiatement et vous aideront à l'instant T, alors que d'autres ne vous serviront peut-être pas du tout.

Volontairement, chaque semaine se construit sur des temps forts :

- **une citation** en guise de mantra ;
- **les petites astuces** ;
- **une to-do liste** de la semaine, à remplir selon vos besoins ;
- **un test** pour en découvrir plus sur vous-même ;
- **un point compréhension** pour en savoir plus ;
- **un exercice pratique** pour vous dépasser ;
- **un focus** pour aller plus loin ;
- **un coup de pouce** pour ne pas lâcher ;
- **un témoignage** pour vous inspirer.

L'objectif réel de cet ouvrage, c'est de vous aider, d'être votre soutien, de vous faire sourire, de vous déculpabiliser et de vous montrer que vous n'êtes pas seule. Vous êtes un être humain avec ses réussites et ses échecs, avec une vie remplie de projets, de moments de joie et d'autres où ça va moins bien.

Aucun conseil n'est un ordre, aucune consigne n'est une marche à suivre à la lettre. On n'est pas là pour vous mettre sous pression.
On l'a parsemé de bienveillance et de conseils de gens de la vraie vie. On l'a saupoudré de sourires et d'idées pour que vous ne lâchiez pas.

Utilisez-le comme un journal de bord. Réinventez-le, prenez les idées qui vous parlent, interrogez-vous sur celles qui vous font froncer les sourcils, rajoutez vos essentiels. Cornez-le, surlignez-le, soulignez-le, ajoutez des smileys sur les bonnes semaines, des notes sur ce qui vous semble important.

Ce guide est le VÔTRE.

Seuls comptent votre bien-être, les objectifs que vous avez envie de réaliser, votre sensibilité. Ces pages seront votre moment rien qu'à vous, profitez-en, sans culpabiliser, avec bonheur.

ENJOY !

Mes indispensables

LE SOURIRE, sincère de préférence : il sera votre entrée en matière, il est la première chose qu'on voit de vous. Comme le disait ce poème de Raoul Follereau (minute culturelle !) : « Un sourire ne coûte rien et produit beaucoup, il enrichit celui qui le reçoit sans appauvrir celui qui le donne » (et surtout il donne confiance à vos interlocuteurs !).

UN JOLI ROUGE À LÈVRES pour accentuer le sourire. Allez, un gloss au moins !

AU MOINS UN CAHIER VIERGE, joli de préférence (parce que quand c'est joli, ça donne de la motivation supplémentaire. Si si.). Vous pourrez y faire vos exercices pratiques quand vous n'avez pas assez de place sur ce guide, et même y faire du zèle si vous en avez envie !

UN MIROIR EN PIED (Hé oui !) pour pouvoir vous regarder telle que vous êtes : BELLE (ceux qui grossissent sont absolument à bannir par contre).

DES AMIS HONNÊTES ET CONFIANTS. Non, pas la peine de changer ceux que vous avez déjà, normalement vous en avez au moins un ou deux qui sont sympas, non ? !

DES FRINGUES dans lesquelles vous vous sentez belle. Et à l'aise. Oui, ça veut peut-être dire qu'il va falloir faire du shopping. Ne me remerciez pas pour la bonne excuse !!!

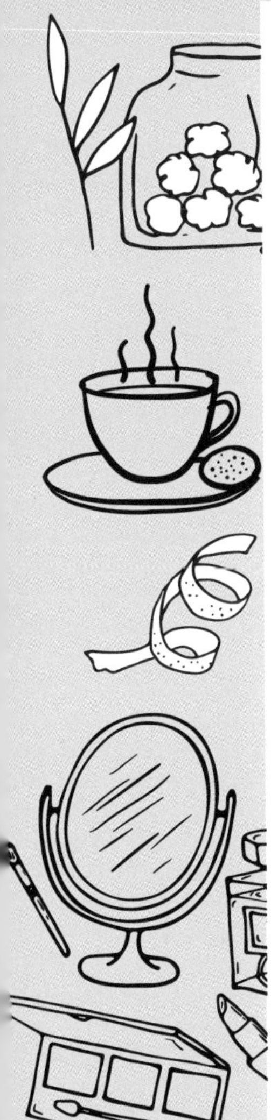

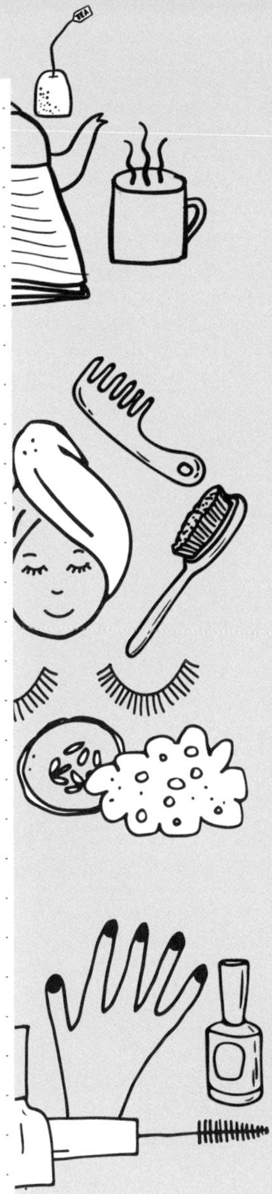

Ma liste d'indispensables confiance en soi

(à remplir au fur et à mesure !)

- [x] Ce motivation book !
- [ ]
- [ ]
- [ ]
- [ ]
- [ ]
- [ ]
- [ ]
- [ ]
- [ ]
- [ ]

Prête ? (Feu, go, partez !)

Parfois, il arrive qu'on ait envie – ou besoin – de se coller un gros coup de pied et d'aller de l'avant, qu'on ait cerné les soucis, mais peur de s'y attaquer… et que la motivation nous fasse défaut. Fatigue, déprime, situation personnelle ou professionnelle instable… quand on n'a pas les bonnes fondations, c'est plus compliqué de construire quelque chose de suffisamment solide pour tenir sur la durée. Au contraire, on peut alors se perdre dans les échecs et se dire : «J'ai tout essayé, et rien ne marche.» BIM. Dégringolade dans l'échelle de l'estime de soi et perte de confiance assurées.

Êtes-vous prête ? Répondez à ce petit questionnaire :

Est-ce que j'ai envie de changer,
d'avoir davantage confiance en moi ?

*

Est-ce que je ressens déjà de l'excitation
à l'idée de m'y mettre pour-de-vrai-de-pas-pour-du-beurre ?

*

Est-ce que j'ai envie de me donner
les moyens de réussir ?

*

Est-ce que mes proches vont me soutenir ?

*

Est-ce que je suis prête à être fière de moi ?

*

Si vous avez répondu «OUI»
à la majorité des questions, vous êtes prête…
alors c'est parti !

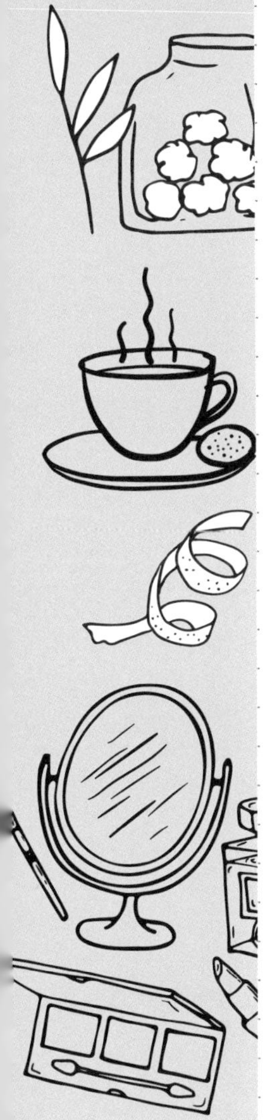

Mes motivations

Liste à cocher et à compléter ! (À regarder aussi souvent que nécessaire pour ne pas flancher !)

- ☐ Je veux me sentir mieux dans ma tête et dans mes baskets.
- ☐ Je veux me prouver que je peux le faire.
- ☐ Je veux pouvoir m'affirmer.
- ☐ Je veux davantage me respecter.
- ☐ Je veux m'épater.
- ☐ Je ne veux plus souffrir dans les situations que je ne maîtrise pas.
- ☐ Je ne veux plus être spectatrice, mais actrice de ma vie.
- ☐ Je ne veux plus avoir peur du jugement des autres.
- ☐ Je veux pouvoir faire ce dont j'ai envie, oser !

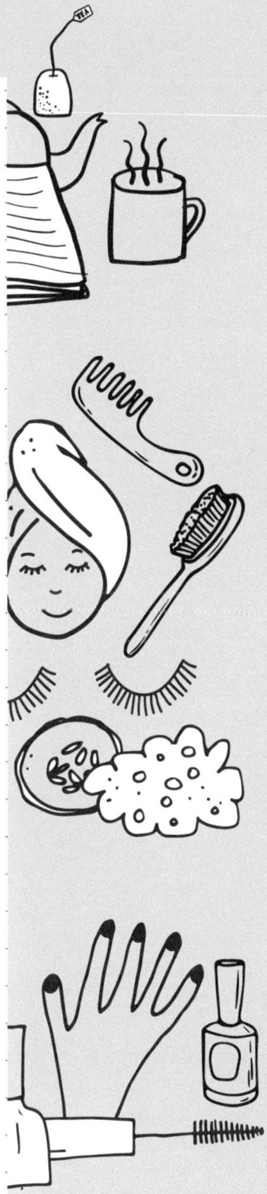

CE PREMIER MOIS EST DÉTERMINANT. VOUS POUVEZ D'ORES ET DÉJÀ VOUS FÉLICITER, PARCE QUE C'EST LE MOIS OÙ VOUS VOUS ÊTES DIT : "JE FAIS QUELQUE CHOSE POUR MOI."

C'est le mois où il va falloir commencer à puiser au fond de vos tripes et de votre âme pour apprendre à identifier les sources de votre manque de confiance en vous, et ainsi pointer du doigt les façons de booster votre confiance.

Cela peut vous remuer, mais c'est pour votre bien.

Ce premier mois, on va découvrir ensemble à quel point vous avez confiance en vous. On va également analyser les bienfaits de la confiance en soi, afin de vous donner encore plus de raisons pour travailler dessus. On va parler d'estime de soi, le fidèle compagnon de la confiance... et juger de votre zone de confort pour vous permettre d'en agrandir les limites.

Cela va être un mois intense, riche, et beau !!!

Bien évidemment, vous allez douter, vous dire "À quoi bon ?", lâcher ce bouquin peut-être... mais vous êtes lancée. Prenez le temps pour vous poser, pour réfléchir, pour écrire, pour vous découvrir.

Vous méritez de vous faire confiance, vous méritez de vous aimer, vous méritez de réussir. Alors ne vous cachez plus derrière des excuses, lancez-vous, vous verrez, ça va vous faire du bien.

Mois 1

Le mois de l'introspection

Le manque de confiance en soi n'est pas une fatalité. La confiance en soi peut être apprise, pratiquée et maîtrisée, comme n'importe quelle autre compétence. Une fois que vous la maîtrisez, tout dans votre vie changera pour le meilleur.

–BARRIE DAVENPORT–

LES ASTUCES « confiance en soi » de la semaine

L'astuce de Sophie, 32 ans

"Je mets mon sourire en armure et je le couvre de rouge pour qu'il attire le regard !"

*

L'astuce de Loubna, 36 ans

"Je décortique constamment les situations après les avoir vécues, surtout lorsque j'ai été mal à l'aise."

*

L'astuce de Blandine, 39 ans

"Je regarde mon fils. Si j'ai pu créer quelque chose de si parfait, c'est que je suis plutôt douée !"

*

L'astuce de Malorie, 27 ans

"Me répéter que je peux le faire, chaque jour dans le miroir."

La TO-DO LISTE de la semaine

- [ ] Faites le test. Évaluez votre confiance en vous ? (p. 19)
- [ ] Identifiez pourquoi vous manquez de confiance en vous. (p. 21)
- [ ] Offrez-vous un cahier qui sera utile et deviendra votre compagnon de confiance.
- [ ] Souriez. À vous-même d'abord, chaque matin devant votre miroir.
- [ ] Souriez à la première personne que vous rencontrez. Même si vous ne faites que la croiser.
- [ ] Reprenez-vous mentalement quand une des phrases du top 10 (p. 22) sort de votre bouche, et modifiez-la.

LE TEST
Évaluez votre confiance en vous

1. On vous propose de passer à la télévision pour un test de culture générale. Acceptez-vous ?

A Même pas en rêve, je vais être ridicule.
B Qui ne tente rien n'a rien.
C Oh oui ! En voilà une expérience qui peut être sympa !

2. Votre meilleur(e) ami(e) vous demande d'être l'officiant(e) de cérémonie de son mariage laïque.

A « Euh… Tu veux pas demander à quelqu'un de plus à l'aise ? »
B Si c'est pour lui faire plaisir, vous promettez d'essayer.
C Émue, vous répondez « oui » spontanément. Vous réfléchirez plus tard pour gérer le stress !

3. Vous définiriez-vous comme quelqu'un :

A Qui voit le verre à moitié vide.
B Qui voit le verre à moitié plein.
C Dont le verre déborde !

4. Le conflit…

A Vous insupporte et vous hérisse le poil. Vous le fuyez coûte que coûte.
B C'est parfois obligatoire, mais pas dans l'agressivité.
C Cela fait partie de la vie, c'est constructif et enrichissant.

5. On vous propose une augmentation, avec un poste à responsabilités.

A Vous refusez, votre boulot est déjà assez stressant comme ça, pas besoin d'en rajouter.
B Vous demandez de prendre le temps d'y réfléchir, de peser le pour et le contre, et d'en parler autour de vous.
C Vous acceptez immédiatement, c'est une belle opportunité, non ?

6. On vous demande un service alors que vous êtes déjà overbookée.

A Vous acceptez… Vous ne savez pas faire autrement.
B Vous acceptez en signalant que pour le moment, il va falloir attendre un peu.
C Vous refusez en arguant que vous avez beaucoup à faire, mais que vous donnerez quelques conseils avec grand plaisir !

VOUS AVEZ UN MAX DE A : Sans contrefaçon, vous manquez de confiance en vous. Mais ne vous inquiétez pas, cela va changer !

VOUS AVEZ UN MAX DE B : Vous vous en sortez plutôt bien, niveau confiance en vous. Cependant, il y a encore des points sur lesquels vous pouvez travailler pour que ce soit plus systématique !

VOUS AVEZ UN MAX DE C : Vous avez confiance en vous, bravo ! Mais puisque vous lisez ce livre, c'est peut-être que vous estimez avoir besoin de quelques pistes supplémentaires, non ? !

POUR (SE) COMPRENDRE
D'où vient le manque de confiance en soi ?

À la question "Pourquoi n'avez vous pas confiance en vous ?", j'ai classé les réponses qui reviennent le plus souvent dans différentes catégories ci-dessous. Il est à noter que les personnes qui déclarent avoir le moins confiance en elles ont donné des réponses dans plusieurs de ces catégories.
Alors, d'où vient, la plupart du temps, le manque de confiance en soi ?

- **L'enfance, le passé.** Qu'il s'agisse d'une éducation sans encouragements ou d'un dénigrement systématique, beaucoup se disent que l'absence de confiance en eux se trouve dans l'enfance ou a surgi au moment de l'adolescence.

- **Le physique.** Il est alors souvent question d'un souci d'estime de soi. À noter que le surpoids entre également dans le top 20 des raisons qui font qu'on n'a pas confiance en soi.

- **Les autres.** Parce que ces autres ont été harceleurs, ou parce qu'ils semblent justement avoir une grande confiance en eux, ce qui étiole notre confiance en nous (même si les proches qui ont confiance en eux peuvent aussi nous aider à prendre confiance en nous).

- **Les situations de la vie.** Des échecs alors qu'on croyait en nous, des erreurs commises et que l'on regrette, des moment de déprime et des moments où l'on se dit que la «roue ne va peut-être jamais tourner...».

- **Les compétences.** Parce qu'on pense ne pas avoir un bagage culturel assez étoffé, qu'on a arrêté tôt ses études ou qu'on se dit ne pas avoir assez de culture générale.

- **La peur de ne pas être aimé, la timidité.** Reste à savoir si l'on est timide ou si l'on a peur de ne pas être aimé parce qu'on n'a pas confiance, ou l'inverse... Nous y reviendrons plus tard !

- **Le perfectionnisme.** Quand on veut à tout prix que tout soit absolument parfait, parfois, ça coince... parce qu'il faut le savoir : la perfection est un mythe !

- **Aucune idée.** C'est, à mon avis, la cause la plus terrible. Et c'est là-dessus qu'il faut VRAIMENT travailler. Appuyer là où c'est douloureux pour comprendre pourquoi on n'a pas confiance en soi.

Et vous, spontanément, avez-vous une réponse avant de commencer à y réfléchir plus longuement ?

EXERCICE PRATIQUE
D'où vient votre manque de confiance en vous ?

Après lecture de la page précédente, voici venu le temps de bosser un peu, les amies. Oui, on n'a jamais dit que ça allait être finger in the nose.

Dans un premier temps, vous allez bien lire la question :

Pourquoi n'ai-je pas confiance en moi ? Si vous avez une réponse en tête, vite, notez-la (si votre réponse est «pfiou, oh là là, aucune idée», notez-la aussi).

Je n'ai pas confiance en moi parce que...

____

____

____

____

(Si vous n'avez déjà plus assez de place, prenez une feuille !)

Vous êtes tétanisée, vous ne savez pas, vous ne savez plus ? Pensez-y un peu plus longuement : peut-être que cela vient de l'enfance, d'une situation particulière, d'un moment spécifique. Peut-être qu'à bien y réfléchir, ce manque de confiance vous semble avoir été toujours prégnant, ou alors que vous voguez régulièrement entre confiance et doute. Peu importe.

Maintenant, vous allez réfléchir aux situations dans lesquelles vous avez le sentiment d'avoir le moins confiance en vous, pour réussir à cibler ces moments. Vous vous rendrez ainsi sûrement compte que cela ne vient pas forcément de la première réponse qui vous est venue.

Est-ce davantage quand vous prenez la parole en public ? Quand vous cherchez du travail ? Quand vous êtes avec un homme qui vous attire ? Notez tout ce qui vous vient à l'esprit. Il n'y a pas de mauvaise réponse (et en plus, je suis trop loin pour venir regarder par-dessus votre épaule !).

La dernière fois que j'ai ressenti un manque de confiance en moi, c'est quand...

____

____

____

____

En règle générale, je manque de confiance en moi quand je dois...

____

____

____

____

____

Vous n'avez peut-être pas encore toutes les réponses, mais laissez-vous la journée ou la nuit pour y réfléchir. Notez tout ce qui vous vient à l'esprit. Prenez même la semaine pour noter ces moments au fur et à mesure. Ajoutez-y un adjectif pour définir votre état d'esprit et si cela vous affecte vraiment. Cela vous permettra déjà de mettre des mots sur ce manque de confiance et de mieux le cerner.

Bon courage !

Le top 10 des phrases qu'on se dit quand on manque de confiance en soi
(et qu'il va falloir arrêter de dire !!!)

Ici vous trouverez un top 10 des phrases qu'on se dit quand on manque de confiance en soi, mais je suis persuadée que vous en prononcez régulièrement sans même vous en rendre compte. Il va falloir arrêter de les dire, on est d'accord? D'ailleurs, le must, ce serait également de trouver par quoi les remplacer ! En fin de page, notez celles que vous dites et barrez-les au fur et à mesure qu'elles ne sortent plus de votre bouche ! (Oui, je sais, c'est un exercice supplémentaire pour les semaines à venir, mais promis, ça vaut le coup !)

1. J'suis nulle.
2. Je n'y arriverai jamais.
3. Je suis moins forte que les autres.
4. Je n'en suis pas capable.
5. Je ne suis pas à la hauteur.
6. J'ai trop peur d'échouer.
7. Ça va pas le faire.
8. C'est vraiment trop dur.
9. Pfffff, j'suis bête !
10. J'abandonne.

À la place, dites plutôt :

1. C'est pas trop mon truc, mais ça va aller.
2. Je vais tout faire pour y arriver.
3. Je suis aussi capable que n'importe qui.
4. Je peux le faire.
5. Qui ne tente rien n'a rien !
6. Tant pis si je me plante du moment que je tente.
7. Allez hop, on y va !
8. Ça va être ardu, mais c'est jouable.
9. Ah, faut bien y réfléchir !
10. Je continue.

Place pour vos (futures anciennes) phrases à vous :

____

____

____

____

____

____

____

____

____

____

____

____

____

FOCUS
La respiration

Voici une technique qu'il me semblait intéressant de mettre en début d'ouvrage, car si elle ne va pas tout à coup faire disparaître votre manque de confiance en vous comme par enchantement, elle pourra vous aider en cas d'un gros coup de stress dû à ce manque de confiance.

Parfois, on se retrouve dans une situation où on a besoin de se créer une «confiance en soi temporaire», un peu comme une bulle de protection. La respiration peut aider. Les émotions que l'on ressent jouent sur notre respiration. Souffle court, sang qui monte au cerveau, rougissement... on entre alors dans le cercle infernal de la perte des moyens. Le contrôle de la respiration peut aider à calmer nos émotions.

Comment faire ?

Tout d'abord, concentrez-vous sur votre respiration. En cas de coup de stress, elle est plus rapide qu'habituellement. Aidez-la à devenir plus longue, plus profonde. **Restez à l'écoute de votre respiration. Longue. Profonde. Soufflez. Inspirez. Expirez. Souriez.**

En vous concentrant sur votre respiration, vous allez peu à peu retrouver votre assurance, en mettant la situation qui vous stresse à distance. Essayez d'anticiper la crise de panique, sans quoi il sera bien plus compliqué de vous calmer !

N'attendez pas le moment critique : la «pause respiration» peut se faire plusieurs fois par jour. Avec un peu d'entraînement, vous réussirez de plus en plus facilement à reprendre possession de votre souffle et à vous connecter avec votre respiration. Restez concentrée sur votre ventre, d'où elle doit venir. Assise ou debout, choisissez la posture où vous êtes la plus à l'aise. Imaginez que votre respiration s'enroule dans votre ventre, autour de votre nombril. Elle va ensuite remonter pour sortir en expiration. **Cherchez le bien-être mental.**

ASTUCE

Certaines montres connectées proposent des sessions de relaxation/respiration, cela peut vous donner un cadre ! Si vous voulez aller plus loin, cherchez des vidéos de respiration ou renseignez-vous sur les cours de relaxation, cela ne peut faire que du bien !

LE COUP DE POUCE
La méthode Coué ?

On connaît tous le principe de base de la méthode Coué, "Si je veux, je peux" (on connaît tous aussi le célèbre "Je vais bien, tout va bien" de Dany Boon, absolument copié sur Coué, ceci dit). Mais concrètement, la méthode Coué, est-ce que cela peut fonctionner ? Comment s'en inspirer au quotidien ?

En réalité, la méthode Coué est un véritable courant de pensée positive imaginé par Émile Coué, basé sur l'autosuggestion et qui a, entre autres, donné naissance à la pensée positive, la sophrologie, ou encore l'automotivation. Ce ne sont donc pas des paroles en l'air, mais un véritable état d'esprit !

Selon la pensée de Coué, on peut s'automotiver par les mots, par les images ou par le corps.

Attention cependant à l'illustre « quand on veut, on peut » auquel on pense immédiatement quand on aborde la méthode Coué. La volonté, c'est une chose importante, en effet. Mais clairement, elle ne fait pas tout. La véritable clé de la méthode Coué, c'est d'imaginer le positif.

Comment on s'organise ?

-> On réfléchit afin de définir le but qu'on veut atteindre, de la façon la plus précise possible.

-> On pratique alors l'autosuggestion : on se répète, de préférence à voix haute, qu'on PEUT LE FAIRE (oui, on peut le crier si on veut, ça fait du bien... et même le hurler façon « Je suis le maître du monde » de Jack Dawson à la proue du Titanic — non, ne pensez pas au naufrage du Titanic, cela n'a strictement aucun rapport, voyons !). L'essentiel, c'est la répétition de ces phrases positives, afin de contrer les phrases négatives que le cerveau nous envoie pour nous protéger.

-> On imagine que c'est fait, on y croit ! C'est le pouvoir de l'imagination qui joue sur l'autosuggestion (on le reverra dans le focus sur la sophrologie).

-> Si notre envie et notre imagination sont en phase, le but va être atteint encore plus facilement.

Comment construire une autosuggestion ? Petites astuces :

- Il faut que les phrases positives qu'on va se répéter commencent par « JE ».
- Il faut utiliser le présent ou le futur.
- Il ne faut pas de mots négatifs.
- Il faut préciser au maximum sa pensée.

Exemples :

- Je suis de plus en plus courageuse.
- Je vais finir ce projet avant lundi prochain.
- Je vais parler distinctement lors de cet entretien.
- Je vais montrer de quoi je suis capable.

La méthode Coué, ça se pratique quand on veut (pas seulement quand on peut !), alors foncez, abusez-en... Vous ne risquez rien, de toute façon !

Le témoignage d'Isabelle

Petite note avant de commencer. Pour mettre en place ces séances "portraits", j'ai cherché des personnes aux profils différents, mais qui, par leur métier, leur passion ou leur quotidien, donnent le sentiment d'une grande confiance en elles. Ces personnes sont réellement inspirantes ! Voici le premier témoignage, celui d'Isabelle Tronquet, 41 ans.

Isabelle est hôtesse de l'air et chef de cabine. Lorsqu'on la voit dans un avion, en tant que passager, on ne peut qu'admirer le charisme et la confiance en soi qu'elle dégage.

Faut-il une grande confiance en soi, à la base, pour se lancer dans ce métier ?

Avant de faire ce métier, j'étais d'une timidité presque maladive. Je me cachais derrière les amis qui me présentaient à d'autres personnes, prendre la parole en public était un calvaire et aller dîner au restaurant avec un inconnu me tétanisait.
Après une ou deux années à exercer mon métier, j'ai radicalement changé. Porter un uniforme a changé la donne, comme s'il me protégeait virtuellement du regard des autres. Cela fait maintenant dix-huit ans que je le porte et je ne me suis jamais sentie aussi à l'aise en public ! Il m'a littéralement transformée !

À ton avis, est-ce que c'est ton métier qui t'a donné confiance en toi ? Est-ce que tu as cette confiance en toi dans tous les autres domaines de ta vie ?

En dehors de mes vols en tant que chef de cabine, je reste une femme pleine de doutes sur ma capacité à mener à bien de nouveaux projets. Cela n'a heureusement aucune commune mesure avec celle que j'étais avant, qui aurait préféré se dire que tout cela n'était pas possible. Ne pas prendre de risque, ne pas se faire remarquer. Aujourd'hui j'ai écrit un livre, j'ai réalisé dans le contexte de sa promotion une bonne cinquantaine d'interviews pour des magazines, pour la radio, pour la télé, parfois même en direct, et je n'ai jamais connu cette peur paralysante qui pouvait m'envahir sans prévenir au début de ma vie d'adulte. J'y ai même pris goût !

As-tu des astuces pour booster sa confiance en soi ?

Je me dis que ceux qui réussissent dans leurs projets sont des êtres humains tout comme moi et qu'il n'y a pas de raison que je ne mène pas mes projets à bien. Je m'autorise à avoir peur, mais pas à ne pas essayer.

Peux-tu me donner ta définition de la confiance en soi ?

Avoir confiance en soi, c'est oser sortir de sa zone de confort de temps en temps sans vomir tout son déjeuner juste avant !

La confiance en soi est le premier secret du succès.

—RALPH WALDO EMERSON—

LES ASTUCES «confiance en soi» de la semaine

L'astuce de Marianne, 29 ans
"Je me dis que je suis une gagnante et que je m'aime !"

*

L'astuce de Virginie 37 ans
"Je colorie."

*

L'astuce de Candice, 34 ans
"L'amour, l'amitié, le rire et le bon vin."

*

L'astuce d'Élo, 33 ans
"Me recentrer sur moi-même quelques instants."

La TO-DO LISTE de la semaine

- [ ] *Souriez à vous-même, chaque matin, devant le miroir.*
- [ ] *Continuez à vous reprendre quand une des phrases du top 10 (p. 22) sort de votre bouche, et modifiez-la.*
- [ ] *Faites le test : Vous avez un incroyable talent ! Lequel est-ce ? (p. 29)*
- [ ] *Lancez-vous sur l'exercice pratique (p. 31).*
- [ ] *Faites vos exercices de respiration ! (p. 23)*

LE TEST
Vous avez un incroyable talent ! Lequel est-ce ?

Non, vous n'arrivez peut-être pas à avaler des sabres en équilibre sur une balle géante ou à vous contorsionner tout en étant suspendue dans les airs. Et alors ? Est-ce pour cela que vous n'avez aucun talent ? CERTAINEMENT PAS !
OUI, des talents, vous en avez. Plein. Ne secouez pas la tête, je le sais. L'important, ce serait surtout que VOUS, vous le sachiez. Je vous l'accorde, un simple psychotest ne permettra pas d'identifier vos talents. On n'est pas des magiciens ! Alors, pour les découvrir, on va plutôt répondre à des questions.

1. Quand vous étiez enfant, qu'adoriez-vous faire ?
Il peut s'agir d'un sport, d'une activité artistique ou culinaire, à moins que vous ne passiez votre temps à fabriquer des cabanes… ou encore à aider vos copains ou à apprendre vos leçons. Laissez-vous le temps de la réflexion, on a trois mois ! Notez simplement la réponse.

2. Que rêviez-vous de devenir, une fois adulte ?
Ce n'est peut-être pas forcément votre talent, mais cela peut y ressembler. Par exemple, si vous vouliez devenir fée, c'était pour quelle raison ?

3. En cas de crise, comment réagissez-vous ?
Pensez à un exemple concret. Si vous avez agi avec sang froid, cela peut être votre talent. Si vous avez été présente pour en parler, pour donner des conseils, vous avez certainement fait preuve d'empathie.

4. En quoi vous dit-on souvent que vous êtes douée ?
Cela peut être pour créer des objets avec trois fois rien, pour préparer des repas ou pour mettre l'ambiance en soirée.

5. Quel talent aimeriez-vous vraiment avoir ?
Demandez-vous comment faire pour y arriver. Parce que oui, on peut toujours apprendre, à chaque âge de la vie. Peut-être que vous auriez aimé avoir un talent pour la musique, mais qu'il n'y avait pas la place chez vous pour accueillir un piano… et si c'était le moment de s'y mettre ?

6. Faites une liste de mots clé qui vous caractérisent.
Décoration, bavardage, rigolade, danser, chanter *Mon Beau Sapin* en latin (si, je vous jure que ça existe, c'est d'ailleurs mon petit talent à moi !), peindre, écouter les amis qui ne vont pas bien, les exercices de logique…

Revenez régulièrement à cette liste et ajoutez-y des réponses. Il est évident que vous avez des talents… et que vous allez les mettre en lumière !

POUR (SE) COMPRENDRE
Pourquoi vouloir booster sa confiance en soi ?

Bah oui, en fait, c'est vrai ça ! On pourrait tout aussi bien se dire qu'on est comme on est, et s'assumer ainsi. Oui, mais. Quand le manque de confiance en soi nous mine, nous fait douter, tergiverser, ou nous empêche de vivre des choses sous prétexte qu'on a peur d'oser, ça devient légèrement plus relou, avouons-le. D'ailleurs, voici quelques réponses inspirantes à la question "Pourquoi aimeriez-vous avoir plus confiance en vous ?"... Elles vous aideront sûrement à vous sentir moins seule !

STÉPHANIE, 37 ANS : « La vie serait plus simple, car ça m'éviterait d'essayer de tout contrôler pour me rassurer. »

JENNY, 37 ANS : « Pour arrêter de regarder ma vie défiler et la reprendre sérieusement en main. »

SANDRA, 28 ANS : « Pour que mon pauvre cerveau puisse souffler au lieu de se poser un milliard de questions ! »

ANNE-SOPHIE, 37 ANS : « Pour cesser de m'énerver quand je sens que j'en n'ai pas le contrôle. »

ÉMILIE, 33 ANS : « Pour ne plus soûler mon entourage avec des "J'suis nullllllleeeee !" »

CAROLINE : « Pour faire ce que je veux faire et non pas ce que je pense que les gens aimeraient que je fasse... »

PASCALE, 56 ANS : « Pour me sentir plus à l'aise en société. »

LAËTITIA, 29 ANS : « Je me découragerais peut-être moins vite et je verrais plus grand pour mon avenir professionnel. »

ÉLODIE, 31 ANS : « C'est très chiant de manquer de confiance. On ne sait jamais si c'est assez bien, si on ne va pas dire une bêtise, on hésite à oser, tout simplement ! »

ANGÉLIQUE, 39 ANS : « Car parfois ça me bloque et me fait louper des opportunités. »

ÉLISE, 33 ANS : « Pour m'affirmer selon les situations/personnes et ne plus me refaire certaines scènes vingt fois avec des "et si". »

ALICIA, 38 ANS : « Parce qu'on entreprend plus de choses et que globalement, on est plus heureux. »

EXERCICE PRATIQUE
Quelles sont vos qualités ?

Cette semaine, vu les efforts que je vous ai demandés la semaine passée, on va se reposer... et faire bosser les autres ! Croyez-moi, en prime, cela pourrait être fort intéressant.

STOP ! Petite parenthèse si vous commencez déjà à stresser à l'idée :
1) de déranger vos proches avec une « question débile » ;
2) d'entendre la réponse qu'ils pourraient donner à votre question.

Bah... ce sera pareil ! Juste, ça va vous faire double ratio d'exercices pratiques : oser poser une question et l'exercice en lui-même. Non, on n'est pas des chacals, mais on a dit « on fonce », alors... on fonce !

BIEN. Cette petite parenthèse fermée, voici l'exercice en lui-même. Prête ?
Vous allez demander à trois personnes (ou plus, c'est vous qui voyez !) proches de vous les raisons pour lesquelles on peut compter sur vous. Le mieux, c'est vraiment de poser cette question à l'oral, afin que la réponse soit la plus spontanée possible.

Je vous préviens, ça risque fort de vous surprendre, voire même de vous émouvoir terriblement. Prenez un mouchoir, Émile (hum... pardon pour la référence culturelle erronée, mais pour la peine, prenez aussi un chewing-gum si vous le souhaitez). Cette dernière parenthèse sans queue ni tête était faite dans le but de dédramatiser le côté émouvant de la situation, on peut repartir maintenant.

Écrivez ici ce que vos proches ont dit de vous :

. . . . *a dit qu'on pouvait compter*

sur moi parce que . . . .

. . . .

. . . .

. . . . *a dit qu'on pouvait compter*

sur moi parce que . . . .

. . . .

. . . .

. . . . *a dit qu'on pouvait compter*

sur moi parce que . . . .

. . . .

. . . .

Laissez reposer, mais prenez le temps d'y revenir plus tard. Quand vous pourrez concrètement admettre qu'ils ont raison... parce qu'ils ont raison, bien évidemment ! Nous en reparlerons également en toute dernière semaine, de vos qualités !

Le top 10 des bienfaits de la confiance en soi

S'il vous en faut encore, voici le top 10 des bienfaits de la confiance en soi... à recopier, photocopier, glisser dans sa poche ou à aimanter sur le frigo ; et à ne jamais, jamais perdre de vue !

1. On entreprend plus de choses quand on a confiance en soi.

*

2. On fait des choses sans penser au regard des autres.

*

3. On ressent moins le stress, de manière générale, on se sent mieux.

*

4. On peut plus facilement s'affirmer au quotidien.

*

5. Les erreurs semblent moins graves.

*

6. On est plus objectif sur ses réussites.

*

7. On loupe moins d'opportunités.

*

8. On est moins dur envers soi-même.

*

9. On a moins peur de ne pas y arriver.

*

10. On peut être soi-même, entièrement, tout le temps !

Il n'y a donc vraiment aucun risque à essayer !

FOCUS
La philosophie de la gratitude

Le manque de confiance en soi est le début d'un cercle vicieux. Il amène le négatif, qui nourrit l'absence de confiance, qui à son tour nourrit l'attitude négative. C'est le chien qui se mord la queue. En inversant la vapeur, on peut passer d'un cercle vicieux à un cercle vertueux.
C'est possible avec la philosophie de la gratitude. Explications.

Puisqu'il faut avancer un pas après l'autre, commencer par transformer une attitude négative en une attitude positive est un excellent moyen d'influer sur la confiance en soi. La gratitude, c'est le fait de dire « merci à la vie », de cultiver le positif. C'est se poser et réfléchir aux jolies choses qui nous sont arrivées dans une journée, plutôt que de ruminer sur les trucs pas cool, qu'on a tendance à garder plus facilement en tête.

Il existe des journaux de gratitude tout faits. Mais vous pouvez également créer le vôtre.

Comment ?
Chaque soir, à tête reposée, une fois le petit dernier couché ou la table débarrassée, écrivez sur votre journal de gratitude un truc qui vous a fait bigrement plaisir dans la journée.

De « le distributeur m'a rendu ma pièce en même temps que mon café » à « ma belle-soeur m'a demandé d'être la marraine de son bébé », en passant par « mon patron m'a félicitée pour ce projet », tout est possible, l'essentiel étant que cela vous ait procuré du bonheur. Vous pouvez bien évidemment aussi vous réjouir de ce qui arrive à quelqu'un que vous aimez, c'est d'autant plus gratifiant (exemple : ma copine Cécile a rencontré un mec et il a l'air très sympa !).

Le must, c'est d'écrire à côté de ces petits bonheurs les sentiments qu'ils vous ont procurés.

Ce n'est pas la peine d'écrire correctement, vous êtes seule à lire ou à relire ces bribes de bonheur. Vous pouvez tout aussi bien y ajouter une photo, ou y faire un dessin... c'est vous qui voyez, et qui, avec le temps, découvrirez ce qui vous convient le mieux.

Mais croyez-moi, avant de se coucher, ça fait du bien de se coller un petit shoot de joie et d'émotions positives !

LE COUP DE POUCE
Les mythes du passé

Souvent, le manque de confiance en soi semble venir du passé, de l'enfance, ou de l'adolescence. Un manque d'intérêt de nos parents ou au contraire une surprotection, des événements traumatisants, du dénigrement ou du harcèlement seraient, dans notre esprit, la source de notre mal-être.

Pourtant, certains psychologues s'accordent à penser que plus que le passé en lui-même, c'est la perception qu'on en garde qui nous rend moins confiants en nous.

What ? Il y a bien évidemment des situations de notre passé qui sont douloureuses. Mais les regarder avec un filtre négatif aggraverait encore plus ces situations dans notre esprit. Les jouer et les rejouer les rendraient encore plus sinistres à chaque fois.

Ces psychologues iraient jusqu'à dire qu'en gagnant en confiance en nous, la lecture de ce passé changerait dans nos esprits. Pas fondamentalement, bien évidemment, mais ils estiment qu'en prenant de la distance avec ce qui nous semble être l'origine du souci, on pourrait mieux comprendre ce passé.

On pourrait dès lors « équilibrer » notre vision du passé. Les expériences douloureuses seraient, de fait, mises dans la balance avec d'autres expériences agréables, qu'on a eu tendance à minimiser.

Pour celles qui ont vécu des situations terribles, la rencontre avec un professionnel reste une option à envisager fortement. C'est à vous de ressentir si vous pouvez vous en sortir seule ou si les stigmates sont trop profonds. Il n'y a pas de « pire situation ». Il y a votre jugement, vos sensations, et la façon dont cela pèse au quotidien sur vos épaules.

Si vous vous sentez assez forte pour plonger dans vos souvenirs d'enfance, seule ou accompagnée d'un professionnel, vous serez peut-être en mesure de vous rappeler des souvenirs heureux qui viendront renforcer votre confiance en vous-même.

Le témoignage

de Claire, 35 ans, plombière

Tu as choisi, alors que tu avais quatre enfants (dont des triplés !), le chemin de la reconversion professionnelle, pour devenir plombière. Peux-tu m'expliquer ton cheminement brièvement ?
J'aimais beaucoup mon ancien métier de consultante dans le marketing web, mais j'ai eu envie de m'amuser. Depuis longtemps j'aime le travail manuel, les travaux, les outils. Je souhaitais un métier technique, avec plein d'outils, et varié. Un peu fou, mais évident. Je me suis fiée à mon instinct. Néanmoins, j'avais anticipé un maximum de choses. Je n'y suis pas allée les yeux fermés : garde des enfants, financement, perte de salaire en redevenant débutante...

Fallait-il une confiance en soi absolument immense pour se lancer sur cette voie, pour devenir plombière au milieu de (beaucoup) de plombiers ?
Il faut surtout aimer les blagues graveleuses ! Je n'ai pas eu peur de l'échec, car j'aurais trouvé un plan B, un plan C, un plan D... Tant qu'on a l'envie (et la santé), je crois qu'il y a une solution. Même si certaines fois, ces solutions imposent des situations complexes. Concernant le fait d'être plombière parmi les plombiers, je le vis très bien. Tout le monde connaît mon prénom sur les chantiers et on m'offre des croissants. Ceux qui pensent que je ne suis pas à ma place ont la décence de ne pas trop me le faire ressentir. Je suis capable de comprendre qu'il peut y avoir de gros écarts culturels et qu'une femme en bleu de travail, ça puisse perturber, même si à notre époque, ça ne devrait plus être le cas. La plus grosse difficulté est qu'il faut chaque fois démontrer ses capacités. On n'attend pas une femme en plomberie. Alors, je fais ce que je sais faire, je travaille car je sais que ça paye. Toujours. (C'est un peu mon mantra.)

De l'extérieur, tu sembles avoir une confiance inaltérable. Est-ce que c'est vrai ? Est-ce que ça a toujours été le cas ?
Je n'ai pas vraiment une confiance inaltérable, mais je sais deux choses :
1) Je suis capable d'efforts, de travail, d'organisation ;
2) Pour vivre bien, j'ai besoin de beaucoup de plaisir dans mon quotidien, mon travail, ma famille, mon couple.

Cela m'est très personnel (un psy dirait que c'est sûrement pour compenser un truc). Je ne peux pas vivre une situation moyenne trop longtemps. J'ai besoin de vivre des moments très heureux. Par conséquent, je n'ai pas d'autres choix que de me donner les moyens de les satisfaire. Je crois que des événements de ma vie m'ont fait comprendre que certaines situations, qui ne dépendent pas de nous, nous affectent terriblement, pour toujours et à jamais. J'ai donc décidé que ce qui dépendrait de moi serait à l'image de ce que je veux. Quels que soient les efforts à fournir.

À ton avis, qu'est-ce qui t'a donné confiance en toi ?
Ma mère. Elle croit en nous (mon frère, ma sœur et moi) de façon inébranlable. Elle m'a toujours encouragée, n'a jamais ri de mes projets même s'ils pouvaient paraître fous, croit en mes capacités. Surmonter les situations de la vie m'a aussi donné confiance en ma capacité à faire face.

As-tu des astuces pour booster sa confiance en soi ?
S'entourer de personnes qui croient en nous. Souvent bien plus que nous.
Relever des challenges. Des petits... et des gros. Bien sûr, il faut s'en donner les moyens pour ne rien regretter. Faire son max. Travailler sa confiance en soi, c'est souvent fatiguant, prenez des vitamines !
Savoir reconnaître ses qualités et oser se dire qu'on ne vaut pas si peu que ça...

Peux-tu me donner ta définition de la confiance en soi ?
Un ensemble de petites victoires, de fierté de soi, de fierté de l'autre et pas de limite dans ses projets, seulement des chemins plus ou moins sinueux. Je crois que pour avoir en confiance en soi, il faut agir envers nous comme avec un enfant : avec bienveillance.

Plus vous vous aimez,
moins vous êtes comme
tout le monde,
ce qui vous rend
unique.

—WALT DISNEY—

LES ASTUCES «confiance en soi» de la semaine

L'astuce d'Ophélie, 26 ans
"J'enfile mon "costume de confiance", coiffure, maquillage, talons. Je me mets en mode "confiante", et je marche la tête haute !"

*

L'astuce de Bianca, 29 ans
"Je porte de la belle lingerie, des beaux vêtements que j'aime."

*

L'astuce de Jenyfer, 31 ans
"J'écoute de la musique pour m'encourager."

*

L'astuce de Géraldine, 46 ans
"Je porte des hauts talons pour pouvoir regarder les gens dans les yeux !"

La TO-DO LISTE de la semaine

- [ ] Souriez, chaque matin, devant le miroir.
- [ ] Continuez à vous reprendre quand une des phrases de la p. 24 sort de votre bouche, et modifiez-la.
- [ ] Remplissez le journal de gratitude.
- [ ] Faites le test de la p. 42.
- [ ] Continuez les exercices de respiration.

LE TEST de Rosenberg sur l'estime de soi

Selon Morris Rosenberg, psychologue social américain, l'estime de soi élevée implique le respect de soi-même. Il a créé un instrument de mesure, la Rosenberg Self-Esteem Scale, qui permet de définir l'estime de soi. Cette échelle de l'estime de soi a fait l'objet d'une validation française. On s'y met ?

Pour les affirmations positives, à savoir la 1, 2, 4, 6, et 7 : notez 1 point si vous n'êtes pas du tout d'accord, 2 points si vous êtes « plutôt pas d'accord », 3 points si vous êtes plutôt d'accord et 4 points si vous êtes « tout à fait d'accord ». D'accord ? ! Non, ça ne commence pas tout de suite, attendez, oh !!!

Pour les affirmations négatives, à savoir la 3, 5, 8, 9 et 10 (oui, les autres en gros !), faites l'inverse : notez 1 point si vous êtes absolument d'accord, 2 points si vous êtes plutôt d'accord, 3 points si vous n'êtes pas vraiment d'accord et enfin 4 points si vous n'êtes pas du tout d'accord.

ALLEZ, C'EST PARTI :

1. Je sens que je suis une personne de valeur, au moins égale à n'importe qui d'autre.
2. Je pense que je possède un certain nombre de belles qualités.
3. En général, j'ai tendance à penser que je suis une ratée.
4. Je suis capable de faire les choses aussi bien que la majorité des gens.
5. Je sens peu de raisons d'être fière de moi.
6. J'ai une attitude positive vis-à-vis de moi-même.
7. Dans l'ensemble, je suis satisfaite de moi.
8. J'aimerais avoir plus de respect pour moi-même.
9. Parfois, je me sens vraiment inutile.
10. Il m'arrive de penser que je suis une bonne à rien.

Maintenant, faites une addition. Vous allez obtenir une somme comprise entre 10 et 40 (jusque-là, c'est logique !).

VOICI LES RÉSULTATS DU TEST DE ROSENBERG :

Si votre score est inférieur à 25 : Votre estime de soi est très faible, un travail est souhaitable pour la renforcer.

Si votre score est compris entre 25 et 30 : Votre estime de soi est faible, et pourrait bénéficier d'un travail avec un professionnel.

Si votre score est compris entre 31 et 34 : Niveau estime de soi, vous êtes dans la moyenne. Ce qui ne veut pas dire qu'elle n'a pas besoin d'être boostée !

Si votre score est compris entre 35 et 39 : Vous avez une bonne estime de vous-même. Youpi !

Enfin, si votre score est supérieur à 39 : Vous avez une forte estime de vous-même et vous êtes une personne très affirmée.

POUR (SE) COMPRENDRE
L'estime de soi

Il arrive régulièrement qu'on confonde estime de soi et confiance en soi, tant la barrière entre les deux est fine. Pour rappel, la confiance en soi, c'est le fait de croire en ses compétences. L'estime de soi, c'est le fait de croire en ses valeurs. Il est vrai que l'estime et la confiance se donnent souvent la main, et qu'elles sont, toutes deux, essentielles à notre bien-être. Il peut donc être nécessaire de travailler conjointement sur l'estime de soi et sur la confiance.

Pour illustrer clairement le propos, l'estime de soi serait comme un filtre photo : les personnes ayant une faible estime d'elles-mêmes se verraient au travers d'un filtre grossissant les défauts, accentuant les détails qui ne plaisent pas, comme une espèce de loupe pas vraiment bienveillante... Alors que celles qui ont une haute estime d'elles-mêmes auraient une sorte de filtre magique qui leur laisserait découvrir un vrai charme dévastateur (ce serait Snapchat en permanence dans leur miroir).

Le truc, c'est que l'estime de soi influence nos comportements de façon positive ou négative. Par exemple, une personne qui n'a pas forcément un physique extraordinaire, mais une haute estime d'elle-même, est vue comme plus avenante, car elle a moins peur du regard des autres et se contrefiche du jugement. On pourra bien lui lancer des piques qu'elle rétorquera que les autres sont jaloux, qu'ils n'y connaissent rien ou qu'ils n'ont aucun goût, et elle continuera son chemin, suscitant au passage l'admiration et l'envie. Au contraire, une personne «magnifique», mais qui a une faible estime d'elle-même, attire moins facilement l'attention, car elle se met plus facilement en retrait, préférant rester dans l'ombre. On l'a compris : mieux vaut avoir une haute estime de soi-même.

J'ai choisi en exemple le physique parce que l'image est plus facile à saisir, l'estime de soi concerne également l'aspect intellectuel, social ou bien encore affectif. Néanmoins, la réussite n'amènera pas forcément l'estime de soi. On peut avoir confiance en soi sans obligatoirement s'aimer.

Alors, comment on fait, pour s'aimer ?
Afin d'améliorer son estime de soi, il faut réussir à enlever les œillères que l'on porte pour se regarder... Accepter de ne pas être parfaite (mais qui l'est ? !) et s'assumer comme on est, avec ses défauts, mais surtout avec ses qualités. Oui, je sais, ce n'est pas la partie la plus fastoche !

Il faut réussir à se voir objectivement, et accepter aussi bien les compliments que les critiques.

Tout un programme, qui peut faire peur ! Mais, bonne nouvelle, dans ce guide, on a sciemment incorporé le développement de l'estime de soi au milieu de la confiance, car certains aspects se chevauchent et se confondent — que les puristes de la psychologie ne nous en veuillent pas trop, on a fait nos choix et on les assume !

EXERCICE PRATIQUE
Mais qui est la plus belle du royaume ?

S'aimer, ce n'est pas toujours simple. Soit parce qu'on n'y a pas été habituée, soit parce qu'on a perdu son estime de soi. Mais cette semaine, on va commencer tout doucement à s'y remettre avec trois petits exercices en apparence trop faciles pour marcher... mais qui peuvent faire leurs preuves.

Exercice 1 : les photos
Vous allez vous poser, un soir, tranquillement, et trier des photos de vous. Le but du jeu, c'est d'en choisir cinq ou six où vous vous trouvez belle. Une photo avec quelqu'un que vous appréciez, ou qui vous rappelle un chouette moment, où vous êtes en train de rire... Peu importe si ces photos datent un peu ou si elles ont été prises la semaine passée. Ces photos, vous allez les mettre dans votre petit cahier exprès pour la confiance en soi (ou au milieu des pages de ce guide) et en garder une que vous allez conserver devant vous. Vous allez bien l'observer, comme si vous regardiez une autre personne, et vous allez écrire une liste de ses qualités, à cette jolie fille. Elle a un sourire communicatif, de petites oreilles bien dessinées, une chevelure de folie, une ligne parfaite, une peau joliment bronzée... Demain, vous en choisirez une autre et rebelote, vous noterez les qualités de cette personne sur la photo... Quand vous aurez fini, vous pourrez relire toutes ces qualités, mais à la première personne du singulier : « J'ai un sourire communicatif, j'ai des petites oreilles bien dessinées, j'ai une chevelure de folie... » Lisez et relisez ces petits textes, aussi souvent que vous en aurez besoin pour vous les approprier.

Exercice 2 : le miroir
C'est l'exercice dit du miroir, recommandé par la belle-mère de Blanche Neige : « Oh, miroir, mon beau miroir... » Bon, d'accord, la marâtre ne connaît pas une fin des plus exemplaires, mais par contre, niveau estime, elle était plutôt au taquet, non ? ! Allez, trêve de plaisanterie et place à l'exercice. Chaque jour, à chaque fois que vous passerez devant un miroir, vous vous ferez un clin d'œil, vous enverrez un baiser ou vous direz que vous êtes belle. Non, ne riez pas en vous autoproclamant Narcisse. Continuez, même si vous vous trouvez ridicule. Parce que le but, c'est qu'à terme, comme avec la méthode Coué, vous voyiez vraiment que la personne en face de vous est belle !

Exercice 3 : mannequin d'un jour
Participez à une séance photo. Demandez à votre meilleure amie si vous vous sentez encore trop timide pour aller dans un studio photo, et échangez les rôles photographe/photographiée pour rire. Essayez des habits que vous n'avez pas l'habitude de porter, jouez à la femme fatale ou montrez votre sourire le plus enjôleur... mais lâchez-vous ! Ensuite, triez les photos... et encore une fois, conservez celles qui vous plaisent : c'est vous, absolument et indéniablement vous !

Le petit plus : Il y a bien d'autres astuces pour développer son estime de soi en même temps que sa confiance, et nous allons continuer à en parler tout au long de ces pages !

Le top 10 des compliments à vous faire à vous-même

On n'est jamais mieux servi que par soi-même. Jusque-là, on est d'accord. Cela fonctionne pour ce qu'on fait... donc cela doit aussi fonctionner pour ce que l'on se dit, non ? Dans la veine de la méthode Coué, voici le top 10 des phrases à se répéter régulièrement dans la journée, de préférence à voix haute (plutôt quand on est seule) ou à se crier très fort à l'intérieur de soi-même. En les répétant régulièrement, elles finiront par entrer, et en prime, elles vont vous donner la pêche ! Ce top 10 est donné à titre d'exemple et la liste est, bien évidemment, non exhaustive. Vous pourrez, à la suite de ces dix items, noter les phrases qui vont devenir vos leitmotivs !

1. C'est qui la meilleure ? C'est moi !

2. C'est qui l'patron ? C'est Bibi !

3. Aujourd'hui, c'est TON jour, tu vas tout massacrer, *warrior* ! (À se dire en se regardant bien en face dans le miroir !)

4. Je suis fière de moi.

5. T'as d'beaux yeux, tu sais ! (À se dire avec une voix rauque, ça passe encore mieux !)

6. Mais c'est qui cette bombasse dans le miroir, là, je rêve... Ah mais oui, c'est moi !

7. C'que je peux être drôle, quand même !

8. J'y vais, je ne lâche rien, je donne tout... Go, go, go !

9. J'ai peur de rien, moi ! J'suis une dingue ! Et je me kiffe !

10. J'ai réussi ! Je me suis dépassée, j'ai vu, j'ai vaincu... encore une victoire de canard ! (Désolée pour la pub d'un autre temps !)

ALLEZ, À VOUS !

Il n'y a donc vraiment aucun risque à essayer !

Focus
Une séance photo de confiance

Margaux Clément, photographe de 26 ans, a créé un concept "feel good" qui agit fortement sur l'estime de soi, intitulé "Simplement Femme".

Il est né d'un constat simple : dans les magazines, on rencontre des femmes magnifiques, mais totalement retouchées, qui font perdre aux femmes « normales » tous leurs repères.
L'objectif du projet « Simplement Femme » est de recréer ces repères, en photographiant les femmes. Toutes les femmes. Brunes, blondes, rousses, avec des tailles ET des tours de taille différents, des peaux imparfaites, et les différences qui font que chacune est unique, et BELLE.

Ce projet libère les femmes qui osent poser, mais aussi celles qui admirent les photos de ces femmes belles au naturel et avec leurs défauts.

Le rôle de Margaux, la photographe, est, selon elle, assez simple : elle réapprend aux femmes à se voir et se regarder. « Car on le sait, nous sommes tellement critiques envers nous-mêmes... On ne se trouve jamais bien et là est toute la complexité du problème. Le regard que nous posons sur nous est biaisé. Alors, à travers une série d'images, avec mon regard, je dévoile à ces femmes ce qu'elles sont, simplement. »

Le fait de se redécouvrir ainsi en images, permet aux participantes du projet de se dire « mais en fait, je suis jolie, mes formes sont harmonieuses », ce qui est bon pour l'estime et la confiance en soi !

Avant la séance, Margaux prend le temps de discuter avec chacune d'entre elles, afin de comprendre pourquoi elles font cette démarche, le chemin emprunté jusque-là... Puis comment elles se sentent dans leurs corps et la relation qu'elles entretiennent avec lui : ce qui leur plaît, mais surtout ce qui leur déplaît, pour pouvoir justement, pendant la séance, appuyer là où c'est sensible.

Quand elles sont prêtes, c'est la séance photo en elle-même qui commence, ponctuée de longues discussions parsemées d'humour, afin qu'elles ne se sentent jamais seules, jamais « à nu ».

Et puis, au cours de la séance, Margaux choisit de montrer une photo. C'est le moment de vérité. Celui où la plupart des femmes laissent échapper un soupir de satisfaction, et parfois, même, quelques larmes d'émotion. Car oui, ce sont bien elles... et elles sont belles.

www.simplementfemme.fr

LE COUP DE POUCE
Accepter les compliments

Comment réagissez-vous face à un compliment ? Perdez-vous vos moyens ? Êtes-vous mal à l'aise ? C'est souvent ce qu'il se passe quand on manque de confiance en soi. La phrase qui revient le plus serait : "Je n'aime pas les compliments..." Nan mais whaaaaat ? Et surtout, whyyyyyyyy ?

Vous vous dites que vous ne le méritez tout simplement pas, ou peut-être, si, mais pas plus qu'une autre. Vous minimisez les efforts fournis d'un «nan mais, c'était pas compliqué...». STOP ! On a besoin de reconnaissance, on a besoin de compliments, et si on vous félicite, c'est que c'est mérité. Point à la ligne, nan mais oh. On peut comprendre que vous ne soyez pas habituée, alors on va découvrir comment accepter les compliments pour qu'ils fassent du bien à votre confiance.

Comment accepter les compliments, et à terme, les intégrer ?

Et si on commençait par dire «merci» avec le sourire ? Oui, c'est la base.
Refusez de dire «ah nan, mais...». On commence par remercier et on réfléchira après.
Pas de fausse modestie, s'il vous plaît.
Dites-vous que si vous refusez de but en blanc le compliment, on va finir par penser que vous en cherchez davantage... et qu'on ne vous en fera plus. Ce serait ballot, non ? !

Si vraiment c'est encore compliqué, ajoutez à votre merci que vous avez été aidée par une personne ou autre chose, mais sans réfuter votre implication dans cette réussite.
Acceptez que le compliment soit réel. Quand vous faites un compliment, il est sincère, non ? Alors pourquoi les autres vous mentiraient ? Ah ah, c'est irréfutable comme argument, non ? !

Pensez-y, plus tard. Gardez ce compliment dans un coin de votre tête. Et puis, quand vous aurez retrouvé votre petit cocon, ressortez-le. S'il a été prononcé, ce compliment, c'est bien qu'il y avait une raison. On ne vit pas dans le monde des Bisounours, et on souffre plus facilement d'un manque de reconnaissance que l'inverse. Alors décortiquez-le un peu, ce compliment, et pensez à ce que vous avez fait de bien pour le recevoir, parce qu'il n'était pas gratuit. Vous avez assuré au boulot, vous avez fait quelque chose de bien, vous étiez «simplement» en beauté aujourd'hui... bref, vous le méritiez. Prenez-le comme un cadeau pour booster votre confiance en vous et rajoutez-le à votre liste de talents ou de réussites. Notez-le dans votre journal de gratitude. Gardez-le dans votre cœur, en attendant le prochain qui ne tardera pas à pointer le bout de son nez !

Le témoignage

de Méo, 32 ans

Voici le témoignage à la fois poignant et totalement inspirant d'une femme qui, pour développer sa confiance en elle, a, entre autres, décidé de participer au projet "Simplement Femme" (voir p. 43).

Les symptômes du manque de confiance chez moi c'était, de l'extérieur, une main devant la bouche en cas d'éclat de rire, les yeux baissés dans la rue, un regard fuyant en cas de discussion.
De l'intérieur, c'était une paranoïa permanente. La sensation pesante que le moindre éclat de rire (dans la rue, au travail, en famille, en soirée...) m'était destiné. Un malaise et un mal-être liés à l'envie de plaire à tout le monde. Je me sacrifiais pour les autres. C'était, pour moi, le prix à payer, pour pallier ma transparence et exister à leurs yeux. Et je m'y suis totalement perdue.

Je me suis soignée à partir du jour où j'ai su dire "non" et "merde". SALVATEUR !
Les stigmates de mes complexes seront toujours là. Je me bats quotidiennement pour rester une femme fière et stable. Des affirmations que je me répète ("tu es méritante toi aussi", "tu peux tout faire dans ta vie tant que tu le décides", "tu as le droit", "tu peux", "tu es belle telle que tu as envie d'être", etc.).
J'aurais envie de partager cet apprentissage et cette révélation avec toutes les femmes qui m'entourent et que je sens parfois à côté de leur vie, de leurs pompes... à côté d'elles-mêmes.
Celles qui ont toujours été très sûres d'elles ne peuvent pas comprendre ça. Elles ne connaissent pas la saveur de la renaissance, elles n'ont pas envie d'aider, et voire même pas conscience du tout du fait qu'il y a des gens à aider.
Cela me passe, avec les années et la confiance en moi qui s'affirme. Tout doucement, j'apprends à garder ma sérénité, à assumer qui je suis et répliquer à juste titre, pour me défendre, pour empêcher les gens de rire de moi lorsque je ne suis pas d'accord. Je m'accorde une défense que je mérite, et qui me vient en même temps que je trouve les mots qui remettent les gens à leur place.
Ça n'a pas toujours été gagné, et j'ai encore du chemin. Mais chaque situation où je me défends moi-même est un pas de plus vers la fierté d'avoir trouvé les mots justes, au bon moment.
Ça se travaille. Comme le reste.

Ma renaissance, elle s'est faite en deux temps :
J'ai toujours été très admirative de deux styles très tranchés et pourtant – selon moi – pas incompatibles. L'univers des pin-up old school, vintage et douces, à la féminité gracieuse et élégante sans être outrageante. Et le métal et dérivés, avec cette façon d'affirmer une marginalité par la musique et le way of life. Autant de choses qui m'attiraient, mais pour lesquelles je ne me sentais pas légitime. Je n'osais pas.
Et puis, il y a eu la séance photos avec Margaux. La révélation ? Ce moment où elle a tourné l'écran pour me montrer une photo de moi, nue, sans fard, sans tenue pour tricher ni faux-semblant. Juste moi. Et c'était une putain de photo magnifique. La nana dessus était sublime. C'est en tout cas ce que j'aurais dit si je ne m'étais pas reconnue.
Alors ça a mis quelques semaines, et puis ça s'est décoincé. J'ai commencé à mettre et à assumer au boulot mes robes pin'-up. Doucement. J'ai orienté ma garde-robe, j'ai commencé à marcher la tête droite et à tenir des discussions en regardant plus souvent droit dans les yeux.
Travailler d'arrache-pied sur la photographie me permet d'être légitime dans AU MOINS un domaine. C'est un loisir que je n'ai pas laissé tomber tandis que d'autres m'ont lassée. Alors je m'accroche beaucoup à mon appareil. Il m'offre une légitimité dans le duo que l'on forme lui et moi. Je n'ai pas un travail d'une qualité de dingue, je le fais par contre avec beaucoup de passion.
Je dois rester vigilante et me répéter que j'ai progressé, et que ce n'est pas parce que je n'ai pas fait d'études que je mérite moins d'être à ma place que d'autres à la leur.

Il n'est jamais
trop tard
pour être ce que vous
auriez dû être.

—GEORGE ELIOT—

LES ASTUCES « confiance en soi » de la semaine

L'astuce de Marjolaine, 28 ans

"Je me dis que mieux vaut poser ta question et risquer de paraître bête une seconde plutôt que de ne pas la poser et rester bête toute ta vie."

*

L'astuce de Marion, 34 ans

"Je me fais violence pour ne pas abandonner face à la difficulté."

*

L'astuce de Jenny 37 ans

"Affronter mes peurs et sortir "victorieuse" de la situation qui me faisait tant baliser."

*

L'astuce de Cécile, 29 ans

"M'autocomplimenter. Me rappeler ce que j'ai réussi à accomplir."

La TO-DO LISTE de la semaine

- [ ] *Se sourire, chaque matin, devant le miroir.*
- [ ] *Prendre soin de moi.*
- [ ] *Continuer à se reprendre quand une des phrases de la p. 24 sort de notre bouche, et la modifier.*
- [ ] *Remplir le journal de gratitude.*
- [ ] *Définir ma zone de confort à l'aide du test.*
- [ ] *Continuer les exercices de respiration (p. 25).*

LE TEST
Quelle est la taille de ma zone de confort ?

Consigne : Prenez le temps de lire chacune des affirmations ci-dessous, et notez-vous par rapport à chacune d'elles, de 0 à 10. Si vous estimez être totalement en désaccord avec la phrase, ajoutez un 0, 1 ou 2 à côté de l'affirmation. Au contraire, si vous êtes absolument d'accord, annotez un 10. Si vous vous sentez mitigée, mettez-vous un 5 (c'est presque comme à l'école des fans !).

1. J'adore jouer à « Cap ou pas cap ».
2. Les défis, c'est mon oxygène. Les relever, ma grande fierté.
3. J'adore découvrir de nouveaux horizons.
4. Je n'ai pas peur de l'inconnu.
5. Si j'échoue, je me relève et je tente autrement.
6. Si les gens ne sont pas d'accord avec moi, cela ne me dérange pas, je suis sûre de ce que je fais.

MAINTENANT, COMPTEZ VOS POINTS (OUI, LA CALCULATRICE EST AUTORISÉE, VOUS AVEZ DEUX HEURES).

Votre score est compris entre 0 et 20 : Il va falloir absolument agrandir votre zone de confort et l'identifier. Vous êtes bien dans votre bulle, mais elle est minuscule et vous risquez d'y étouffer !

Vous avez entre 20 et 40 points : Votre zone de confort n'est pas des plus étriquées, mais vous pouvez encore l'agrandir !

Vous avez entre 40 et 60 points : Vous aimez sortir de votre zone de confort et jouer avec les défis. Vous êtes vraiment bien partie !

POUR (SE) COMPRENDRE
La zone de confort

On a tous notre zone de confort. C'est notre petite bulle à nous, l'endroit où on se sent en sécurité, à l'aise, confiante. Seulement, à trop rester dans sa bulle, on finit par étouffer… et perdre de sa confiance en soi dès que l'on doit en sortir. Explications.

La zone de confort englobe **notre quotidien, nos habitudes, notre petite routine.** Elle s'est créée selon nos expériences, notre vécu, notre histoire personnelle et les gens qui nous entourent, ceux qui nous sont chers et les autres. On y est habitués, alors on n'a pas à prendre de risques, c'est ce qui fait qu'on s'y sent bien.

Chaque individu possède sa propre zone de confort. Elle peut être un lieu (notre ville, notre maison, notre canapé) et/ou un environnement social (avec notre famille proche, nos amis, notre mari, nos enfants).

En restant dans notre petit **cocon protecteur,** on n'a pas à avoir peur, puisque tout y est simple, rempli d'automatismes connus et reconnus, mais on s'anesthésie, parce que finalement, rien de nouveau ne se passe. Et il nous est plus difficile d'en sortir, parce que tout devient une peur à surmonter.

Il est alors nécessaire, dans un premier temps, de délimiter sa zone de confort pour réussir, petit à petit, **à oser, à prendre des risques,** à s'éloigner pour apprendre à mieux se connaître et ainsi gagner en confiance en soi. Vous vous dites sûrement que c'est compliqué, pourtant, il suffit de petits pas pour apprivoiser ses peurs et ainsi avancer.

Il ne s'agit pas de partir du jour au lendemain en voyage en auto-stop autour du monde si vous n'avez jamais quitté votre village, ni de sauter en parachute si vous avez peur lorsque vous montez sur un tabouret, mais d'obliger votre cerveau à appréhender de nouvelles difficultés, qui seront propres à chacune. Pour certaines, ce sera juste oser prendre son téléphone pour commander une pizza, pour d'autres, il s'agira de prendre sa voiture seule pour conduire sur l'autoroute… C'est à vous de définir vos objectifs et de sortir de cette zone sans aucun risque pour vous en créer quelques-uns.

La zone de confort, c'est nous qui nous la sommes créée, mais les frontières en sont élastiques. En les repoussant peu à peu, elles finiront pas délimiter une zone de plus en plus grande. Il faudra bien évidemment se faire un peu violence au départ, mais alors que vous aurez réussi vos premiers pas en dehors de votre zone de confort, la réussite vous amènera sur **le chemin de la fierté.**

EXERCICE PRATIQUE
Sortir de sa zone de confort

Depuis le début de ce motivation book, les petits défis et les exercices pratiques vous demandent déjà de sortir de votre zone de confort. Vous avez donc déjà fait quelques pas à l'extérieur de votre bulle et pouvez d'ores et déjà ressentir de la fierté. C'est le cas, n'est-ce pas ?

Dans cet exercice pratique ainsi que dans le reste de ce guide, on va continuer, petit à petit, à votre rythme, à agrandir votre zone de confort. Parce qu'en sortir, c'est bien, mais le but, c'est bien évidemment d'être confiante à l'extérieur de votre doux cocon.

Voici donc l'exercice de la semaine, en plusieurs étapes :
1. Tentez d'identifier votre zone de confort.
Quelles sont vos habitudes, vos routines ? Avec qui vous sentez-vous réellement vous-même, en sécurité ? (Normalement, vous avez déjà pu la cerner avec le test du début de semaine, mais cela vaut quand même le coup d'y réfléchir plus longuement.)

2. Si on sortait ?
Cette semaine, vous allez modifier peu à peu vos petites habitudes. Oh, pas grand-chose, mais juste assez pour vous dire : «*I can do it !*»

Par exemple, changez la station de radio que vous écoutez le matin. Passez par un chemin différent pour aller au travail. Allez acheter votre pain dans une autre boulangerie. Cuisinez un plat que vous n'avez pas l'habitude de préparer. Modifiez la place de vos meubles... Il y a plein de choses que vous pouvez faire évoluer, sans que cela ne change grand-chose. L'essentiel, c'est surtout qu'en fin de journée, vous puissiez vous dire que vous n'avez pas eu une journée totalement semblable aux autres. Et que vous n'en êtes pas morte de trouille pour autant.

ALORS, QUEL EFFET ÇA FAIT ?

3. Repoussez les limites !
Si vous avez envie d'aller plus loin et que vous vous en sentez capable (je suis sûre que oui, vous pouvez le faire !), lancez-vous dans quelque chose qui vous fait envie, mais que vous repoussez toujours à plus tard. Cela peut être l'achat d'une machine à coudre parce que vous avez envie de vous y mettre, ou une promenade seule autour de l'étang pour prendre l'air... ou encore mettre du vernis rouge pétant alors qu'habituellement, vos ongles sont toujours nus. Peu importe. Il faut que ce soit quelque chose qui vous fait plaisir, mais dont vous ne vous sentez pas forcément capable.

Quand ce sera fait (cette semaine ou la semaine prochaine, on n'est pas pressés même si c'est bien de battre le fer tant qu'il est chaud !), analysez votre ressenti : Vous êtes fière ? N'était-ce pas finalement plus facile que prévu ? Le résultat ne valait-il pas le coup de se mettre un petit coup de pied aux fesses ?

Cela fait du bien, non ? Alors, n'hésitez pas à recommencer. Et dans les pages qui suivent, on va se faire un plaisir de continuer à agrandir cette zone de confort !

Le top 10 de ces choses qui nous aident à avoir confiance

À la question "Qu'est-ce qui vous a aidée ou vous aide à avoir confiance en vous ?", voici les dix réponses qui sont revenues le plus souvent. Peut-être que ces phrases feront écho en vous... ou qu'elles vous donneront matière à réfléchir !

1. Me retrouver seule
(à l'étranger, ou sans famille).

*

2. Un mari qui m'aime comme je suis.

*

3. Une perte de poids.

*

4. Une passion.

*

5. Se forcer pour certaines choses,
jusqu'à ce que ça devienne une habitude.

*

6. Les épreuves de la vie.

*

7. Un changement ou une reprise d'activité professionnelle.

*

8. Quand on me renvoie des choses positives
sur ce que je fais (reconnaissance, compliments).

*

9. Réussir un défi de taille – quelle que soit la taille.

*

10. Une nouvelle coupe de cheveux.

Et si vous rajoutiez vos propres idées ?

Focus
Le burlesque !

Harmony, alias Dotty Mac Lane sur scène, est professeure de burlesque. Elle nous explique cet art qui redonne aux femmes leur féminité tout en cultivant la confiance en soi.

Le burlesque est un art complet qui allie la danse, la comédie et le strip-tease de façon glamour et jamais vulgaire, le tout saupoudré d'un peu de rétro et de beaucoup d'autodérision. Il apprend aux femmes à **se libérer physiquement et mentalement,** et permet d'accepter son corps en utilisant l'effeuillage qui est un strip-tease mêlant danse et comédie.

Cet art n'a pas de limites. On peut suivre les cours à tout âge, quels que soient son physique et sa situation personnelle et professionnelle, et il n'y a pas besoin d'être danseuse. Mes cours sont comme une bulle de bien-être, qui permettent de s'aérer l'esprit et de sortir de leur quotidien. **Rien que ça fait un bien fou.**

Au départ, on apprend les bases de maintien et de posture qui permettent de mettre ses atouts en valeur. C'est là en général qu'on réalise qu'on se tient mal, en pensant cacher nos défauts. Mes élèves sont surprises quand elles prennent la bonne posture et qu'elles se voient, parce qu'elles se rendent compte de leurs atouts et ça leur plaît !

On utilise aussi la comédie et le strip-tease pour (re)découvrir son corps. **On apprend à être glamour et féminine, mais aussi à rire de soi.** On fait des chorés simples dans lesquelles on utilise tout ce qu'on a appris, du déplacement basique à la manière de passer sa main dans les cheveux ou encore une technique pour enlever un bas. Et pour le côté comédie, **on joue sur les émotions, les attitudes, les mimiques,** qu'on incorpore dans nos chorégraphies pour ajouter des sentiments à nos mouvements. Tous ces gestes et attitudes, on les reproduit inconsciemment dans la vie de tous les jours, comme par exemple marcher dans la rue sans regarder ses pieds.

Le must, bien évidemment ce sont ces quelques minutes sur scène où l'on devient une diva. C'est un sentiment puissant que de se mettre à nu devant un public, et c'est aussi bien physique que mental. **Cela booste l'estime et la confiance !**

Pour la petite anecdote, j'ai une élève, maman de deux enfants, qui avait laissé tomber la féminité pour raison pratique. Elle enfilait un jean, un pull et des baskets pour emmener ses enfants à l'école. Elle ne se maquillait plus parce qu'elle « n'avait pas le temps », bref, elle se délaissait. Elle s'est inscrite à mon cours pour retrouver un peu de féminité.
En quelques semaines, **elle a repris le goût au plaisir** de se préparer, de s'apprêter, de marcher avec des talons sans regarder ses pieds et elle s'est rendu compte qu'on la regardait avec admiration.
Quant à son mari, il était stupéfait de la rapidité de ce chouette changement, de constater qu'elle était plus détendue, et que de fait, cela se répercutait dans la famille.
On sous-estime trop souvent le pouvoir de la confiance en soi. **C'est une arme fabuleuse qui nous aide à vivre notre vie plutôt que de la subir.**

LE COUP DE POUCE
Faire comme si, une façon d'apprendre

Quand on apprend à faire quelque chose qui nécessite des automatismes, on doit d'abord observer, puis faire et refaire à de nombreuses reprises le même geste, jusqu'à ce que notre cerveau l'intègre. Alors en faisant « comme si », on apprend.

Les anglo-saxons ont même une phrase pour désigner cela : *"Fake it until you make it."* Cela pourrait se traduire par "Fais semblant jusqu'à ce que tu le fasses vraiment".

Et quand on y réfléchit, c'est plutôt évident.

Regardez les enfants jouer. Ils font comme s'ils écrivaient, comme s'ils berçaient leurs poupons, comme s'ils faisaient à manger. Leur imagination les conduit à se dire qu'ils savent faire. Ils prennent confiance en eux. Et ils acquièrent des automatismes essentiels pour faire vraiment ces gestes, plus tard.

De fait, même quand on n'a pas confiance en soi, faire comme si, c'est déjà 90 % du boulot. Si vous arrivez quelque part en faisant « comme si » vous avez confiance, les autres y croiront dur comme fer. Rentrez dans la peau de votre personnage, celui que vous seriez si vous avez confiance. De toute façon, l'essentiel, ce n'est pas d'être *a priori* compétente, mais de savoir qu'en apprenant, vous pouvez devenir compétente. C'est la clé !

Attention, ce n'est pas jouer un rôle et mentir, on n'est pas le personnage principal de *Catch Me if You Can* qui s'inventait des carrières et les embrassait sans aucun souci d'éthique (bon, ceci dit, il n'avait vraiment aucun problème de confiance en lui, pour le coup !).

Comment faire alors ?
Souvent, vous sortez d'une situation qui a mis à mal votre confiance en vous en vous refaisant le film : « Là, j'aurais dû dire ça. Cela, j'aurais dû le préparer... Vous êtes bouffée par le remords, qui amène la culpabilité, qui amène le dénigrement, qui amène encore moins de confiance en soi (pffffffff, relou, les cercles vicieux) !

Et si, au lieu d'être dépitée après, on se faisait le film AVANT ?

Le but, c'est d'imaginer, par rapport à la situation qui vous pose problème, comment vous seriez si vous aviez confiance en vous. Qu'est-ce que vous diriez, comment vous vous tiendriez ? Pensez à tout cela, et ensuite, agissez. Comme cette personne que vous venez d'imaginer... Le vous qui a confiance en lui.

Pas bête, non ? !

Au fur et à mesure, vous prendrez confiance en vous et aurez de moins en moins besoin de faire « comme si ».

Le témoignage de Marielle

J'ai eu une enfance très heureuse, car la vie a été très généreuse avec moi. À 17 ans, j'ai rencontré mon mari, qui, tandis que je lui annonçais avec bonheur ma grossesse cinq ans plus tard, m'apprenait en retour qu'il me trompait depuis bien avant notre mariage et qu'il me quittait. Bim. Première douche froide et première perte de confiance en moi.
Avec le soutien de mes proches, j'ai néanmoins réussi, en étant maman solo, à reprendre mes études, ce qui m'a redonné un peu confiance.
J'ai un boulot passionnant dans les vignes, je suis heureuse... et je me rapproche sentimentalement d'un ami de longue date. Chat échaudé craignant l'eau froide, je reste néanmoins sur mes gardes en amour. Et puis, de fil en aiguille, la confiance revient, je tombe enceinte, on achète une maison, la vie est belle... C'est le bon moment pour que le cauchemar commence. Je n'avais pas su déceler le pervers narcissique en puissance qu'est mon nouveau compagnon. Je n'ose pas en parler, il est vu comme le sauveur dans la famille. Mais je me retrouve avec mes affaires saccagées, à entendre régulièrement que je suis une bonne à rien... et je finis par le croire.
Malgré un parcours professionnel sans ombre et mon entière confiance en moi dans ce domaine, j'accepte sans vraiment broncher d'être le souffre-douleur de cet homme. Humiliations, dénigrement, harcèlement moral permanent. Je mets en place des mécanismes de défense, mais n'arrive pas à m'éloigner. Je subis en m'imaginant, certainement, fautive.
Et puis, le déclic. Venu d'un épuisement moral. J'avais peur de rentrer chez moi, j'étais constamment sur le qui-vive à guetter son regard, ses réactions. Je me suis demandé un jour : si une amie te racontait ce que tu vis au quotidien, quel conseil tu lui donnerais ? Je lui dirais de fuir à toutes jambes. Le jour où il a commencé à s'en prendre à ma grande, j'ai décidé de ne plus avoir peur de lui. Je n'avais plus rien à perdre.
J'ai commencé à en parler ou plutôt, j'ai laissé ma grande en parler comme elle le faisait, mais sans minimiser derrière elle comme j'avais pu le faire jusqu'à présent. Sans trouver d'excuses, sans botter en touche.
J'ai eu le courage de lui annoncer que c'était terminé. Cela n'a pas été simple, il a tenté d'abattre ses dernières cartes et a fini par ne plus m'ouvrir la porte de la maison, un soir.

Cela fait trois ans que je suis libre aujourd'hui ! Il a le droit de voir sa fille, mais il ne vient que pendant quelques vacances.

Ce qui m'a aidée et m'aide à avancer :
- Mes enfants, évidemment !
- Mon domaine, qui est mon travail et aussi ma passion, et la reconnaissance de mes clients qui me disent qu'ils aiment mes vins !
- Le projet de m'associer avec mon papa prochainement et de reprendre le domaine familial.
- Ma vie sociale retrouvée.
- Le sport : j'ai arrêté de fumer en novembre 2015, je me suis mise à courir en mars 2016. J'ai couru mon premier 10 km officiel en mars 2017. Pour fêter ces deux années de courses, je vais courir le semi-marathon de Paris en 2018 !

Alors en conclusion de tout ça :
- La parole libère et est essentielle.
- Il faut accepter l'aide qu'on nous donne.
- Être bien entourée est essentiel.
- Le travail a été un exutoire et un élément essentiel à mon (fragile) équilibre mental.
- Le temps guérit tout.
- J'ai pu trouver la force de partir (bon il m'a bien aidée en m'enfermant dehors !) parce que je me suis sentie prête à le faire, à surpasser ma peur de ce qui allait arriver.
- Aujourd'hui, je suis l'actrice de ma vie. Je DOIS prendre soin de moi et personne ne passe avant MOI ! J'existe, j'ai une valeur, j'ai le droit au respect, je suis un être humain.

Je suis juste moi, maman solo épanouie et vigneronne passionnée !
J'espère simplement que toutes les femmes qui vivent des moments aussi difficiles prennent conscience de leur force pour avancer.
Nous sommes toutes capables d'être ce que nous voulons devenir.

Fin du premier mois

L'heure du bilan

Voilà, le premier mois se termine. Vous avez sûrement connu des réussites, quelques échecs aussi. Il y a peut-être certains défis que vous avez regardés du coin de l'œil en manquant de vous étouffer parce que cela vous semblait too much... et d'autres que vous avez relevés haut la main.

Quoi qu'il en soit, vous vous êtes engagée sur le chemin de la confiance, et rien que pour cela, vous pouvez être fière de vous. C'est maintenant l'heure du bilan, prenez le temps de vous poser, d'y réfléchir et d'en dégager en top priorité les résultats positifs. Ce sont ceux-là qui comptent ! Quant aux autres, il est encore temps de s'y (re)mettre, et d'analyser les raisons de vos échecs, en trouvant un moyen de les réussir.

Dès à présent, notez, en quelques mots :

- L'astuce que j'ai retenue.

- Le défi qui me fait du bien.

- Ma citation fétiche.

- Le focus qui pourrait m'intéresser.

- L'exercice que j'ai le moins réussi et que je vais refaire.

- Le truc qui m'a rendue hyper fière de moi.

- Le sentiment d'échec que j'ai ressenti.

- Ce que je compte faire pour y remédier.

- Comment je me sens à la fin de ce premier mois.

- Ce que je garde en tête à l'issue de ce premier mois.

Bilan du mois 1

LE TABLEAU DE L'HUMEUR

Parce que la bonne humeur est importante, notez ici, pour chaque jour, comment vous vous êtes sentie en fin de journée, de 1 à 10, avec un petit smiley pour vous aider à visualiser.

MOIS 1	Semaine 1	Semaine 2	Semaine 3	Semaine 4
Lundi				
Mardi				
Mercredi				
Jeudi				
Vendredi				
Samedi				
Dimanche				

LE TABLEAU DES VICTOIRES

Et dans ce calendrier-ci, notez un mot ou une phrase, pour vous souvenir d'une victoire, d'un moment où vous avez ressenti de la fierté. Vous avez bien évidemment le droit d'en mettre plusieurs... par contre, vous êtes dans l'obligation d'en noter AU MOINS UNE !

MES VICTOIRES	
Semaine 1	
Semaine 2	
Semaine 3	
Semaine 4	

Le bilan des tests

	Mon résultat	Ce que j'en pense	En quoi je peux encore m'améliorer
La confiance en soi			
Mes talents			
L'estime de soi			
La taille de ma zone de confort			

LE BILAN DES EXERCICES PRATIQUES

	J'ai réussi haut la main (peau d'lapin !!!)	C'était dur, mais ça fait du bien	Je vais encore le travailler !
Définir mon manque de confiance en soi			
Cerner mes qualités			
Exercice photo			
Sortir de ma zone de confort			

Mois 2

Le mois de la réalisation

La confiance
est une habitude
qui peut être
développée
en agissant comme
si vous l'aviez déjà.

—BRIAN TRACY—

LES ASTUCES « confiance en soi » de la semaine

L'astuce d'Adeline, 32 ans

"J'essaie de mesurer une situation où je perds confiance à l'échelle de l'univers, et du coup la situation devient beaucoup moins importante, plus gérable."

*

L'astuce de Vranic, 50 ans

"Je m'efforce d'être audacieuse, de foncer sans trop me poser de questions, sinon c'est mort !"

*

L'astuce d'Audrey, 36 ans

"Je prends les problèmes un par un, et je me répète que j'en suis capable."

*

L'astuce de Marion

"Je repense à des moments où j'ai pu répondre comme je le voulais."

*

L'astuce de Dominique, 37 ans

"Je me rappelle que la vie c'est comme le cheval : tu tombes, tu te relèves, tu remontes... ainsi tu apprends de tes erreurs."

La TO-DO LISTE de la semaine

- [ ] Se sourire, chaque matin, devant le miroir.
- [ ] Continuer à se reprendre quand on prononce une phrase négative et la modifier.
- [ ] Remplir le journal de gratitude.
- [ ] Continuer les exercices de respiration (voir p. 23).
- [ ] Tester son audace !
- [ ] Faire l'exercice du "Cap ou pas cap" (p. 67).
- [ ] Réfléchir aux épreuves de la vie à surmonter.

LE TEST
Quelle audacieuse êtes-vous ?

L'audace, c'est oser faire les choses malgré les risques. Il en faut pour oser faire des choses. Et vous, quelle audacieuse êtes-vous ?

1. Les manèges à sensations avec loopings à répétition, c'est :

A Un truc qu'on ne vous obligera jamais à faire. *NEVER*.

B Le genre de manèges que vous ne faites que si quelqu'un veut monter avec vous.

C Un immense kiff !

2. Si vous deviez OBLIGATOIREMENT faire une émission télé, ce serait :

A *Les Reines du shopping*, ça vous aiderait peut-être à trouver un look.

B *La France a un incroyable talent*, il ne vous resterait qu'à trouver le vôtre !

C *Pékin Express*, peu importe le lieu !

3. On vous pique votre sac à main à la volée dans la rue. Que faites-vous ?

A Vous restez pétrifiée, sans voix, les larmes aux yeux.

B Vous hurlez pour que quelqu'un l'arrête.

C Vous lui courez après, nan mais oh !

4. Vos amis veulent faire une séance de spiritisme :

A Sans moi les gars, et attendez que je sois partie.

B Allez, pourquoi pas ?

C Yepaaaaa ! Vous avez déjà sorti le matos !

5. Quel est le plus gros changement que vous ayez fait ces derniers mois ?

A Changer de couleur de vernis.

B Changer de coupe de cheveux.

C Changer de boulot.

6. Vous êtes à une soirée karaoké, où vous trouvez-vous ?

A En bout de table, coincée entre un ami et le mur. Vous ne bougerez pas !

B Vous regardez les autres et participez seulement si une copine vient avec vous.

C Tout le monde chante faux au karaoké, non ? Vous êtes donc en train de beugler au micro !

VOUS AVEZ UN MAX DE A : Vous êtes une audacieuse du dimanche (matin) (sous la couette). Décidément, vous êtes bien accrochée à votre zone de confort. Le point positif ? Vous avez une belle marge de progression à venir, et vous allez y arriver !

VOUS AVEZ UN MAX DE B : Vous êtes une courageuse qui mesure les risques. Vous voulez bien vous lancer, mais vous devez être sûre que ça va bien se passer, et si possible, être accompagnée.

VOUS AVEZ UN MAX DE C : Vous êtes une vraie audacieuse et aimez les risques ! Attention toutefois, à ne pas tomber dans l'excès et à ne pas devenir casse-cou !

POUR (SE) COMPRENDRE
Combattre nos peurs

Tout le monde connaît la peur, c'est un sentiment normal, légitime, et même, sain. Néanmoins, il existe plusieurs sortes de peurs. Quand la peur dicte chacune de nos décisions et agit sur notre confiance, là, Houston, on a un problème.

On éprouve de la peur face à une situation inhabituelle ou une difficulté ponctuelle. Jusque-là, c'est normal, tout va bien. En revanche, lorsque la peur nous bloque ou nous empêche d'avancer, lorsqu'elle devient un frein à notre quotidien, lorsqu'elle devient irrationnelle et qu'elle se juxtapose à de nouvelles angoisses, il faut réussir à la soigner, et pour ce faire, identifier les différentes peurs qui nous habitent et les moyens d'y faire face. Parce qu'elle agit alors également sur notre confiance en nous, par de petites attitudes vicieuses : la peur de mal faire, la peur de donner son avis, la peur d'être jugée, la peur de se planter, la peur du conflit... On en finirait par avoir peur d'avoir peur. Avouons-le, dit comme ça, ça fait peur !

On ne combat pas une vraie peur qui nous tenaille le ventre en battant des cils, cela demande un vrai travail sur soi et ne se fait pas du jour au lendemain. Il faut connaître son ennemi : savoir d'où elle vient, pourquoi elle est apparue, avant de la surmonter petit à petit, si elle nous bouffe la vie.

Pour toutes les peurs quotidiennes qui nous assaillent en tentant de tuer dans l'œuf notre confiance en nous, une seule solution (non, pas la manifestation !) : **L'ACTION (réaction !), et puis aussi, juste avant, une grande inspiration.**

Vous devez vous battre contre votre peur, alors tentez de lui couper l'herbe sous le pied. Vous êtes sur le trottoir, devant le bureau d'un entretien d'embauche, à vous demander si vous allez avoir le cran de vous présenter ? Ne réfléchissez plus. Sonnez, entrez. Plus vous allez y penser, plus vous trouverez des raisons d'avoir peur, alors qu'en fonçant tête baissée, au moins, vous serez dans le vif du sujet.

C'est un peu l'image de l'écharde dans le pied d'un enfant. À chaque fois qu'on va s'approcher avec la pince à épiler en faisant mine de vouloir lui enlever, sa peur va lui enlever tous ses moyens (sauf celui de se débattre et de hurler comme si on l'égorgeait). Alors que s'il regarde un oiseau par la fenêtre et qu'il ne voit pas la pince arriver, il ne se rendra même pas compte qu'elle a été enlevée !

Bref, si la peur vous prend aux tripes, pensez pince à épiler, oiseau, et foncez !

Néanmoins, il y a des peurs avec lesquelles on peut vivre, si tant est qu'on continue d'avancer malgré elles.

ASTUCE

Il y a des petits rituels qui éloignent la peur : serrer fort un objet, parler, mâcher un chewing-gum... Cela peut être utile pour les peurs qu'on ne peut pas forcément anticiper. Trouvez le vôtre !

EXERCICE PRATIQUE
Cap ou pas cap ?

Vous vous souvenez bien évidemment de ce jeu auquel on participe depuis l'enfance, le "Cap ou pas cap" ? Adoré par certaines, il est la phobie d'autres, celles qui ont le moins confiance en elles, parce qu'elles se demandent toujours sur quoi elles vont tomber, si elles ne vont pas être ridicules et surtout si elles vont oser y participer. Pourtant, c'est une façon ludique d'avancer et de prendre le taureau par les cornes.

Et puis vous allez voir, on se prend vite au jeu. Ah si, vous allez voir, parce que c'est l'exercice pratique de la semaine ! Cap ou pas cap ?
Caaaaaaaaaaaaap !!!!!!

Tout d'abord, vous allez vous installer confortablement et réfléchir à vos peurs. TOUTES vos peurs, même celles qui vous semblent les plus insignifiantes, même les plus anodines, même celles qui pour vous, n'ont rien à voir avec le sujet de ce *motivation book.*
Ensuite, vous allez essayer de cerner le fond du problème, de définir la source du mal.
Exemple naze, mais qui aura le mérite de mettre une image sur ces mots :
J'ai peur d'aller chez le médecin. Ok.
Alors, il faut aller plus loin : est-ce la route pour y aller qui vous fait flipper ? Ou plutôt l'ambiance de la salle d'attente du style «personne ne va bien et y'a des microbes partout» ? Ou encore l'angoisse que le médecin, alors que vous venez pour un rhume, ne décèle une maladie grave ? Ou bien parce que vous détestez vous désaper devant quelqu'un ?

Bref, décortiquez votre peur pour en révéler le noyau.

Je vous préviens, si vous le faites à fond, ça risque de prendre du temps... mais également de vous apprendre plein de choses sur vous-même et ça, c'est plutôt cool, non ? ! (La réponse est oui.)
Parfait. Suite à cette grande liste, vous allez choisir, chaque jour, un petit défi à affronter. Votre «Cap ou pas cap» personnel.
Bien évidemment, chacune aura, de par son vécu, mais aussi ses propres peurs, des épreuves différentes à surmonter. Et, ça tombe sous le sens, ne partez pas immédiatement dans des trucs de fou, du genre : «J'ai peur de l'eau, alors je m'offre une plongée sous la glace.» Non, ce serait absolument contre-productif !
Prenez vraiment cet exercice comme un jeu, avec le sourire, sans vous mettre la pression. Vous connaissez la maxime populaire : «La pression, vaut mieux la boire que l'avoir !» Et, au fil de vos réussites, augmentez petit à petit les difficultés !

Vous avez besoin d'idées pour vos défis ? Rendez-vous à la page suivante où vous attend un top 10 des défis à réaliser !

ASTUCE

Le must, ce serait de réaliser cet exercice pratique avec une copine qui n'a pas non plus une grande confiance en elle, d'analyser ensemble les trucs qui provoquent chez vous un blocage ou des sueurs froides, et de vous choisir mutuellement vos défis à venir, en vous offrant un bon restaurant ensemble quand vous serez venues à bout de votre liste.

Le top 10 des petits défis à se lancer

Suite à la lecture de l'exercice pratique précédent, vous vous demandez peut-être quel défi choisir. Le mieux serait bien évidemment que vous choisissiez vous-même vos défis par rapport à vos peurs et aux symptômes de votre manque de confiance. Mais si vous n'avez aucune idée pour commencer, voici un petit top 10 qui vous aidera à débuter l'exercice (et ensuite, il est évident que vous allez pouvoir les décliner à l'infini et trouver vos propres défis !).

1. Passer une journée sans téléphone pour vous donner une contenance ou river votre regard dessus.

2. Adresser la parole à quelqu'un qui vous intimide.

3. Sourire à la première personne que vous croisez le matin.

4. Se joindre à un groupe déjà constitué lors d'un séminaire ou d'une soirée.

5. Aller demander une chanson au DJ en boîte de nuit.

6. Demander une augmentation.

7. Aller chanter une chanson seule au karaoké.

8. Faire une fish pédicure (celui-ci est sur ma liste, moi qui ai la phobie des poissons !).

9. Vous inscrire (au moins) à la séance d'essai d'un cours : guitare, zumba, théâtre, natation, conduite...

10. Tenir tête à quelqu'un quand vous n'êtes pas d'accord.

Allez, hop hop hop, à vos défis !

Focus
Le théâtre

Pour ce focus théâtre, j'ai demandé à Delphine, la prof de théâtre qui, sans le savoir, m'a aidée à développer ma confiance en moi à un moment où je fanfaronnais pour cacher mes faiblesses. Entretien avec Delphine, prof de théâtre à la compagnie L'art m'attend (Oise).

Quel est ton rôle en tant que prof de théâtre ?
C'est un rôle qui a évolué au fil du temps. J'avais des ambitions au tout début de ma carrière ! Vouloir transmettre les beaux textes, l'art du théâtre avec un grand T, etc., mais très vite, ce sont les gens qui m'ont mise face à ce que finalement j'étais destinée à donner : révéler les gens, faire sortir le meilleur d'eux-mêmes, leur donner de la confiance… J'ai été une béquille, une accompagnatrice, une prof qui tient la lanterne un moment, le temps que la personne prenne confiance. Les textes, le théâtre et tout ce que j'en connaissais n'ont été qu'un «outil-prétexte» pour vivre ces échanges fabuleux. Et je vois ce métier-là de plus en plus par ce prisme, peut-être parce que les gens en ont de plus en plus besoin, que ce soient les enfants ou les adultes.

En quoi ce que tu fais aide-t-il les autres à avoir confiance en eux ?
Je commence toujours par dire aux gens qui viennent à mes ateliers : ici, c'est un endroit de liberté, le plateau est un lieu où vous pouvez faire ce qui vous passe par la tête en vous libérant du poids du regard des autres. Et je n'ai de cesse de répéter qu'il faut laisser son cerveau devant la porte avant d'entrer (promis, ils le récupéreront après, le tout est de ne pas prendre celui de l'autre en sortant…), qu'il faut lâcher prise, etc. Je dédramatise l'acte d'être exposé, d'être soi, d'exprimer ce que l'on est, ce que l'on ressent, et tout ça avec beaucoup d'humour, parce que l'humour sauve. Le droit de se tromper, d'être ridicule, de rire de soi, sont des armes que j'utilise à travers des exercices d'expression et de lâcher-prise.

Comment t'y prends-tu ?
J'utilise pas mal d'exercices d'expression, souvent des bases classiques de formation théâtrale que j'adapte. Mais tout cela se fait tranquillement, naturellement. Et surtout, je dis à mes élèves que je leur fais confiance, que je crois en leur capacité, et ce ne sont pas des paroles en l'air parce que je pense que tout le monde est capable… Moi, je donne les outils, je mets de la lumière sur le chemin (et aussi sur scène à l'occasion). Ensuite, c'est à eux de jouer, car ils ont tout pour le faire. Une fois passé le défi d'être allé sur scène, d'avoir osé franchir le pas, souvent tout change.

As-tu des récits d'expérience ou des anecdotes qui montrent comment les cours de théâtre ont pu aider à donner confiance ?
Sur plus de quinze ans d'enseignement, j'ai beaucoup d'histoires de «métamorphose». Des gens qui arrivent et regardent le bout de leurs pieds, rougissent, tremblent, se contorsionnent… Et puis, la magie opère, souvent après les représentations, les applaudissements, le travail accompli, il y a cette petite lumière que je vois dans le regard des gens. Je pense que chaque année, j'assiste à des petits miracles.

LE COUP DE POUCE
Surmonter les épreuves de la vie

Comme si on avait besoin de coups durs supplémentaires (genre), parfois, la vie nous fait des blagues de très, très mauvais goût. On se demande si on n'a pas été bourreau dans une vie antérieure, ou si le destin n'est pas un sale type qui se délecte dans son coin du malheur des autres (et des nôtres en particulier).

D'autant plus que le sort aimant jouer avec nos nerfs, notre cœur et notre confiance, les embûches ont tendance à s'enchaîner, nous faisant nous demander où on en est de la loi des séries, et quand « la roue va enfin tourner ».

On a alors besoin, et c'est humain, de se morfondre, de s'apitoyer sur soi-même et de se rouler en boule dans le canapé en gobant du chocolat. C'est une solution. Mais il faut qu'elle soit passagère, sinon, on peut vite sombrer dans le dénigrement de soi-même et (re)tomber dans une spirale infernale où on se dira qu'on est vraiment bonne à rien.

Alors, on fait quoi, quand M. Destin semble avoir une dent contre nous ?

• **Lâcher prise.** On a le droit de pleurer, de crier, de hurler à l'injustice, de se lamenter, d'être triste, de faire le deuil de ce que l'on vient de perdre, qu'il s'agisse d'un être cher, d'un amour fini ou encore d'un travail. Cette période est même nécessaire, tant qu'on peut ensuite rebondir.

• **Accepter.** Eh oui, à un moment donné, il est nécessaire d'accepter l'épreuve que la vie nous envoie. Regarder des séries nuit et jour en s'échappant dans son imaginaire ne fera pas s'éloigner la tempête qui menace.

• **Lister les solutions.** Par exemple, si vous venez d'avoir un accident de voiture, il vous faudra rapidement essayer de conduire de nouveau pour vous rendre compte que vous pouvez le faire… ou reprendre quelques cours, peut-être, si vous estimez avoir besoin d'être accompagnée. Voir « quelqu'un » : psy, hypnothérapeute, sophrologue, etc. peut vous aider aussi.

• **Garder en mémoire les choses positives.** Si, par exemple, vous venez de perdre un membre de votre famille, et que la tristesse vous ravage le cœur, pensez à tout ce que vous avez eu le temps de vivre ensemble.

• **Ne pas rester seule.** C'est dur, la solitude. C'est terrifiant. Alors, quelle que soit l'épreuve que vous subissez, partagez votre peine avec un entourage bienveillant.

• **Laisser le temps faire son œuvre.** En se disant que malgré la peine, le temps atténuera un peu la douleur.

On se dit que personne ne devrait avoir à subir certaines épreuves. Pourtant, souvent, les pires épreuves finissent par rendre les gens plus forts, et les aident à découvrir les aspects positifs de leur vie. Alors je vous souhaite de surmonter vos épreuves.

Le témoignage

de Stéphane HOLZER, 45 ans, qui s'est lancé dans un projet ambitieux : créer un magazine papier, à l'ère du numérique.

Tu t'es lancé dans un projet totalement culotté. Penses-tu qu'il faille une grande confiance en soi pour appréhender le lancement de ce magazine ?
Honnêtement, ce n'est pas la confiance en moi qui m'a poussé à faire ce magazine, mais juste l'envie. Je n'ai pas fait d'introspection préalable ni pratiqué la méthode Coué. Je me suis jeté à l'eau sans trop me poser de questions. Simplement parce que ce projet me fait vibrer, rêver... Je suis quelqu'un de passionné et je pense avoir gardé une âme d'enfant, celle qui te permet de croire que tout est possible, qu'il suffit d'y croire... À condition de tout donner pour y arriver. Alors c'est ce que je fais, je ne ménage pas mes efforts, j'y vais à fond. J'écoute, j'apprends, je me remets en question et j'avance !

De l'extérieur, tu sembles avoir une confiance en toi et une vraie "force tranquille" : est-ce que c'est vrai ?
C'est marrant ce que tu me dis... Je ne me vois pas du tout comme ça. Mais c'est très difficile de savoir quelle image de soi on envoie aux autres. La force tranquille... Ce n'était pas le slogan de Mitterrand en 1981 ? Ha ha !
J'ai cette image un peu caricaturale du mec qui a confiance en lui. Ce connard suffisant qui se prend pour un dieu et écrase les autres. Se remettre en question, s'adapter, écouter, sont des clés essentielles de la réussite, pour moi. L'humilité !

Est-ce que ça a toujours été le cas ?
Non, pas du tout. La vie m'a façonné ainsi. Rien qu'au cours de ces trois dernières années, j'ai dû encaisser ce que je pensais être le pire qu'il puisse m'arriver, à la fois dans ma vie professionnelle et personnelle : frustrations, injustices, trahisons, maladie grave... Ça aurait pu me détruire. Mais je ne me suis pas laissé abattre, j'ai serré les dents, j'ai redoublé d'efforts et me voici. De cette victoire sur moi-même, je garde la valeur, le goût de l'éphémérité de la vie.

À ton avis, est-ce l'expérience dans ta profession qui t'a donné confiance en toi ? Est-ce que ça a aidé ?
L'expérience professionnelle et l'âge aussi. T'es bien plus pris au sérieux à 40 ans qu'à 20 !
Je suis devenu chef d'entreprise à 29 ans. Je me souviens au début que j'avais l'impression d'avoir à faire mes preuves, de devoir me battre pour être respecté. Maintenant je ne ressens plus cette pression. Je sais que je connais mon métier, il me passionne. Et comme j'adore partager et communiquer ce qui m'enthousiasme, c'est facile... Vu de l'extérieur, je comprends qu'on puisse prendre cela pour de la confiance en soi. Mais pour moi, c'est juste que j'y crois tellement que je veux en faire profiter les autres, c'est une forme de générosité, je pense.

Ressens-tu plus ta confiance en toi dans certains domaines que dans d'autres ?
Oui, sans aucun doute. Je suis à l'aise dans mes rapports aux autres que ce soit sur le plan professionnel ou personnel, tant que cela n'est pas de l'ordre de l'intime. M'exprimer en public ne me fait pas peur, j'ai le contact facile et je trouve toujours un truc à dire ou une blague pour faire marrer de parfaits inconnus. Je suis également un vrai showman : donne-moi un micro et tu verras. Par contre, avec les femmes... Je veux dire, je suis nul à chier en drague, hyper timide et maladroit. Là, c'est clair, je n'ai aucune confiance en moi.

As-tu des astuces pour booster ta confiance en toi ?
Honnêtement ? Non. Je ne suis pas du style à me regarder dans le miroir en disant "Berthier t'es le meilleur, t'es un tueur, a killer, que la force soit avec toi", comme Jugnot dans Une époque formidable. Et puis de toute façon, je ne m'appelle pas Berthier, alors...

Peux-tu me donner ta définition de la confiance en soi ?
Avoir confiance en soi, c'est se connaître. Pas savoir ce que l'on vaut par rapport aux autres, mais ce que l'on est ou ce à quoi on aspire. Et c'est ça la clé du bonheur selon moi.

Soyez toujours
vous-même et ayez
confiance en vous.
Ne vous tournez pas
vers l'extérieur
pour tenter
de ressembler
à une personne connue.

—BRUCE LEE—

LES ASTUCES « confiance en soi » de la semaine

L'astuce de Pascale, 36 ans
"Je ferme petit à petit la porte aux personnes nocives."

*

L'astuce d'Alicia, 38 ans
*"Je m'entoure de personnes qui,
elles, ont confiance en elles."*

*

L'astuce de Sabine
*"Imaginer la personne qui m'impressionne
être en posture plus délicate !"*

*

L'astuce de Marina, 36 ans
*"Penser à l'image que je renvoie à mes filles,
me dire que je veux qu'elles aient le modèle d'une maman
qui fait des choix et qui les assume,
qu'ils soient finalement bons ou à côté de la plaque.
C'est important pour qu'elles-mêmes aient confiance en elles."*

La TO-DO LISTE de la semaine

- [ ] Se sourire, chaque matin, devant le miroir.
- [ ] Remplir le journal de gratitude.
- [ ] Faire ses exercices de respiration (voir p. 23).
- [ ] Découvrir comment les autres nous voient (voir p. 75).
- [ ] Aller vers les autres (exercice pratique p. 77).

LE TEST
Êtes-vous comme les autres vous voient ?

Si vous avez peu confiance en vous, il est fort probable que l'image que vous avez de vous-même soit bien plus négative que l'image que les autres ont de vous ; ne serait-il pas temps de vérifier ce que vous pensez de vous par rapport à comment les autres vous voient ? Pour commencer l'expérience, répondez à ces questions vous concernant. Et puis, quand vous aurez fini et répondu avec honnêteté, recopiez ces questions et envoyez-les à vos proches : parents, conjoint, meilleure amie, collègues... Demandez-leur d'y répondre le plus franchement possible et comparez ensuite les réponses. Donc, non, ne cherchez pas : il n'y a pas de réponses à ce test !

1. Vous avez le sens de l'humour :
- A En toutes circonstances.
- B Quand ça ne vous concerne pas.
- C Mouais. Bof.

2. Vous avez un sourire :
- A Timide.
- B Expressif.
- C Contagieux.

3. On peut facilement vous confier des secrets :
- A Oui, vous êtes une tombe !
- B Oui, vous savez écouter.
- C Oui, si vos amis veulent que ce soit répété !

4. Quand vous avez quelque chose à dire :
- A Vous prenez des pincettes.
- B Vous le faites avec tact et diplomatie.
- C Vous n'y allez pas par quatre chemins.

5. Dans un groupe, vous êtes celle :
- A Qui observe avec bienveillance.
- B Qui intervient peu, mais avec justesse.
- C Qui parle tout le temps. et déteste les silences.

6. Vous parlez de vous :
- A Jamais.
- B Au besoin.
- C Trop souvent.

7. Vous êtes du genre à vous plaindre :
- A Tout le temps.
- B À bon escient.
- C Jamais.

8. Votre principale qualité :
- A Vous êtes toujours là quand vos amis en ont besoin.
- B Vous êtes toujours là pour mettre l'ambiance.
- C Vous êtes toujours là où on vous attend le moins.

9. S'ils devaient faire un discours sur vous, vos amis diraient :
- A C'est une personne extra qui ne juge pas.
- B C'est une belle personne en qui on peut avoir confiance.
- C C'est une nana tarée avec qui on peut tout faire.

POUR (SE) COMPRENDRE
Pourquoi rencontrer de nouvelles personnes et entretenir ses amitiés ?

S'entourer de personnes bienveillantes, en qui on peut avoir confiance et qui ont confiance en nous, avec qui on partage des valeurs communes, c'est essentiel à la confiance en soi.

• **Pour pouvoir se confier en toute quiétude, sans crainte d'être jugée.** Si on réussit à rester soi-même, pouvoir parler à quelqu'un qui nous comprend, c'est absolument essentiel pour cultiver sa confiance en soi.

• **Pour entretenir les idées positives.** Que l'on soit une meneuse ou une suiveuse, on a tendance à être influencées par les personnes qui nous entourent. Imaginez-vous dans une pièce où tout le monde râle... Après avoir essayé de trouver des choses positives à dire, au bout d'un moment, finalement, vous allez avoir envie de râler vous aussi. Vous voyez ? C'est la raison pour laquelle il est important de s'entourer de personnes positives.

• **Pour pouvoir être poussée dans ses retranchements.** Oui, avoir des amis qui ne disent pas « Amen » à tout ce qu'on dit par crainte de nous offenser, c'est important.

• **Pour se sentir appréciée à sa juste valeur.**

• **Pour ne pas se sentir isolée,** calfeutrée dans sa propre solitude.

• **Pour rencontrer de nouvelles personnes.** Les amis de nos amis étant nos amis, sortir avec les copains nous permet de rencontrer d'autres personnes d'horizons divers et variés, avec qui on pourra avoir d'autres types de discussions et cultiver son ouverture d'esprit.

• **Pour vivre de nouvelles choses et oser.** C'est bien plus facile d'oser aller de l'avant quand on est accompagnée : un karaoké, un sport, un concert... On va plus facilement de l'avant quand on est plusieurs !

• **Pour être soutenue en cas de coup dur...** et pour pouvoir être utile à quelqu'un dans la même situation également !

• **Pour avoir des interactions sociales enrichissantes.**

Le plus important, ce n'est pas forcément d'avoir des amis qui nous ressemblent trait pour trait, mais de diversifier son cercle d'amis tout en ayant avec eux de vraies relations avec des bases solides... et de réellement entretenir ses amitiés.

Et si vous avez le sentiment de ne pas avoir vraiment d'amis, filez à l'exercice pratique qui suit... et allez vers les autres !

EXERCICE PRATIQUE
Aller vers les autres

Aller vers les autres, quand on n'a peu confiance en soi, c'est l'horreur. Mais bonne nouvelle, ça se travaille et ça s'apprend. Cela va même être notre exercice pratique de la semaine. Oh yeah ! Ne soupirez pas et ne levez pas les yeux au ciel, restez positive voyons !

Les avantages d'oser aller vers les autres :
- Cela nous entraîne dans un cercle vertueux.
- Réussir à créer du lien, c'est se donner confiance en soi.
- Avoir confiance en soi, c'est se donner des billes pour aller vers les autres. Hop hop hop !

Les préjugés :
- « Je ne suis pas assez intelligente. »
- « Je n'ai pas de conversation. »
- « Je ne sais pas parler en société. »

STOP !!! Depuis quand a-t-on besoin d'un Bac + 12 pour se faire des amis ? Y a-t-il un casting pour pouvoir rire en société ? Que nenni ! Vous êtes sympathique, vous avez sûrement de l'humour, de l'autodérision et plein de choses à dire... Alors go !

Avant que de vous mettre à parler avec un cercle de potes déjà constitué (on n'est pas des chacals, on a dit !), on va commencer petit. Voici un exercice tout simple : proposer de l'aide à quelqu'un. N'importe qui. La petite vieille qui n'arrive pas à attraper le paquet de lessive au supermarché, le collègue qui galère, la maîtresse de maison lors d'un dîner... On se force, on prend sur soi, tant pis si on rougit ou qu'on bégaie un peu. **On se fait la main !**

Cette semaine, rendez service à au moins une personne par jour. Et si vous y arrivez facilement, passez à l'étape supérieure : parlez à quelqu'un. Un inconnu dans le métro pour lui demander la marque de ses chaussures, la collègue que vous admirez, mais que vous n'osez jamais aborder parce que vous pensez que vous n'avez rien à lui dire...

Regardez dans les yeux les gens à qui vous adressez la parole et engagez la conversation. Et surtout (SURTOUT !), essayez de poursuivre cette discussion !

Ces petites réussites n'ont qu'un seul but : vous montrer que c'est possible, et que les gens sont heureux qu'on s'intéresse à eux et dispos pour avoir une vraie conversation !

Quand vous aurez réussi cela, n'hésitez plus : sortez, plaisantez, inscrivez-vous à des activités qui vous plaisent et où vous pourrez rencontrer de nouvelles personnes... puis cultivez ces nouvelles amitiés !

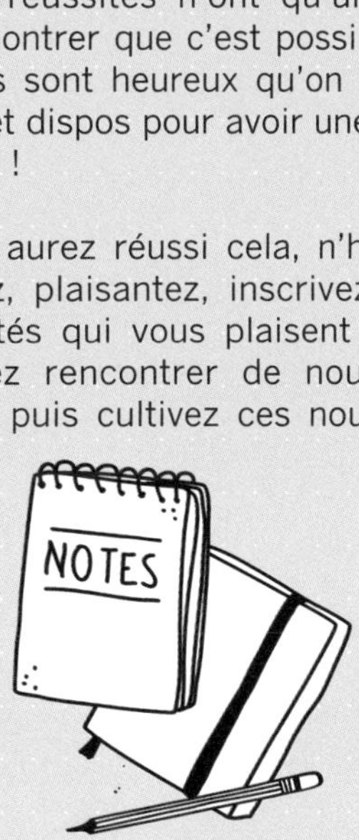

Le top 10 : Reconnaître une personne qui a confiance en elle

Voici les réponses qui ont été données le plus de fois à la question "À quoi reconnaît-on une personne qui a confiance en elle ?". Souvent, il a été ajouté que les apparences pouvaient être trompeuses, et cacher, au contraire, un manque de confiance en soi.

1. Le bonheur. Une personne qui a confiance en elle respire le bonheur, elle semble épanouie. Elle donne l'impression que tout va bien. Elle est positive, en toutes circonstances.

2. Le sourire. Une personne qui a confiance en elle sourit avec facilité, qu'elle connaisse ou non les gens qui sont en face d'elle.

3. Le calme. Une personne qui a confiance en elle est plus calme, même dans les situations inconnues. Elle maîtrise plus facilement ses émotions et dégage une certaine sérénité.

4. La prestance. Une personne qui a confiance en elle se tient droite, regarde les gens dans les yeux au lieu de les baisser tout le temps, a une démarche assurée. Elle ne croise pas les bras en permanence, n'enroule pas ses pieds autour des pieds de la chaise...

5. Le bien-être. Une personne qui a confiance en elle est bien dans sa peau, elle ne se cache pas derrière ses vêtements et ne reste pas dans un coin de la pièce.

6. La bienveillance et l'humanité. Une personne qui a confiance en elle n'écrase pas les autres pour briller à tout prix. Elle accepte d'avouer qu'elle ne sait pas et sait demander de l'aide. Elle est à l'écoute des autres. Elle a d'ailleurs beaucoup d'autodérision et de modestie.

7. L'absence de faux-semblants. Une personne qui a confiance en elle est vraie. Elle ne porte pas de masque, n'a pas besoin de jouer un rôle. De fait, elle est convaincue et cohérente dans ses propos, puisqu'elle ne change pas régulièrement son fusil d'épaule.

8. Sa sociabilité. Une personne qui a confiance en elle est à l'aise en société, elle aime les gens et les aborde facilement. Elle ne bafouille pas, ne rougit pas et a le sens de la repartie. Même si elle est seule, elle ne paraît jamais esseulée.

9. La persévérance. Une personne qui a confiance en elle affronte des situations difficiles sans sombrer, elle ne s'arrête pas après un échec. Elle affronte et réalise tout ce qu'elle souhaite.

10. L'affirmation. Une personne qui a confiance en elle assume et s'assume. Elle fait preuve d'assurance et de sang froid. Elle s'impose si elle estime en avoir besoin. Elle n'hésite pas à prendre la parole ou à contredire. Elle ne culpabilise pas de dire non. Elle ne se pose pas un milliard de questions et prend ses décisions rapidement sans avoir à demander l'avis de quiconque.

Focus
Le sport

Non seulement le sport aide à mettre de la distance avec les soucis, maintient en bonne santé et libère des endorphines, mais en plus, c'est un excellent moyen de développer sa confiance en soi. Focus sur le sport comme vecteur de confiance.

Quand on commence un sport, on subit d'abord les difficultés inhérentes à l'activité. Et puis, on progresse. Et puis, on se dépasse. Et puis, on réussit des choses. Tout cela, mis bout à bout, développe la confiance en soi.

Le point essentiel, sûrement, c'est celui-ci : le dépassement de soi. Si on n'abandonne pas, on ne peut que progresser et donc, à terme, gagner en fierté. Prenons l'exemple concret de la course à pied, parce que c'est vraiment un sport où on peut noter de façon concrète les progrès.

La toute première fois (tou-toute première fois !), on va courir 20 m en claudiquant au bout des dix premiers, cracher ses poumons et trembler de toutes ses jambes en se traitant de triple buse, certainement, oui. Mais si on est suffisamment déterminée, le lendemain, on chaussera de nouveau les baskets, et on fera 100 m. Et puis 200 m le jour d'après. Chaque jour, on notera qu'on a progressé, de façon minime peut-être, mais quand même. Et si on ne lâche pas, un jour, on pourra courir une distance qu'on ne faisait auparavant qu'en voiture et se dire : « Wahou ! *I did it !* »

Le sport, c'est une belle métaphore de la vie : ne rien lâcher, tout donner, ne pas ressasser les échecs, mais les analyser pour aller plus loin. Croire qu'on peut le faire même quand ça semble compliqué.

Alors oui, bien sûr, tout le monde ne sera pas doué pour les mêmes sports, et il faut plutôt s'orienter vers quelque chose qui nous plaira. Peut-être que vous ne trouverez pas celui qui vous convient immédiatement. Mais c'est évident, vous trouverez.

Les sports collectifs seront parfaits pour ceux qui ont du mal à entrer en communication avec les autres, parce que cela vous forcera également à communiquer.

Et tenons-nous-le pour dit : en faisant du sport, on va également cultiver notre estime de nous-même, et avoir moins de temps pour nous apitoyer sur nous-même. Que des avantages, en somme !

LE COUP DE POUCE
Changer le regard des autres sur vous

Il est fort probable que votre manque de confiance en vous vous laisse imaginer, à juste titre ou (plus probablement) non, que les autres vous jugent, ne vous respectent pas, ou médisent sur vous. Et si vous changiez le regard des autres sur vous ? Voici quelques petites astuces coup d'pouce :

• **Respectez-vous vous-même d'abord !** Si vous croyez en vous, si vous êtes convaincue de ce que vous avez à apporter aux autres, et si vous ne vous dénigrez pas devant les autres, ils verront la personne formidable que vous êtes (parce que vous êtes formidable, bien sûr !).

• **Dites-vous que la personne en face manque probablement elle aussi de confiance**, au moins sur certains domaines. De fait, traitez-la avec bienveillance, n'oubliez pas de la féliciter sans rien attendre en retour, mais remerciez-la quand même si elle vous fait des compliments, elle aussi !

• **Ne faites pas aux autres ce que vous ne voudriez pas que l'on vous fasse.** Oui, ça fait un peu commandement biblique. Ok. Mais prenons un exemple concret. Vous seriez anéantie d'apprendre que deux collègues, ou amies, disent du mal de vous. Alors, ne médisez pas non plus. Oui, ça fait du bien de commérer de temps en temps avec les copines... mais essayez de ne pas en faire votre petit hobby personnel.

• **Intéressez-vous vraiment à ce que les autres vous disent.** Qu'ils parlent de physique quantique ou de moteur à propulsion bionique (je viens d'écrire n'importe quoi sans savoir si ça existait, c'est juste pour l'exemple !), cherchez à comprendre et à en savoir plus. Cela ouvrira votre esprit et vous permettra d'apprendre des choses... et les autres seront plus enclins à vous entendre parler de vos passions !

• **Faites ce que vous dites.** Toujours. Une promesse est une promesse. Si vous l'avez dit, faites-le. C'est bon pour votre propre confiance en vous, mais également pour la confiance que les autres auront en vous. Et le fait que les autres aient confiance en vous vous aidera à avoir confiance en vous-même !

• **Ne vous ratatinez pas sur vous-même comme un escargot dans sa coquille à la moindre critique.** Une critique n'est pas toujours faite pour être négative et vous dégommer. Si elle est constructive, elle peut vous aider à vous améliorer.

• **Ne soyez pas celle que vous pensez que les autres veulent voir.** Restez vous-même, c'est cette personne-là que les autres aimeront voir !

Le témoignage

de Charlotte Bonnet, nageuse professionnelle, 22 ans

Tu nages depuis la toute petite enfance et tu es aujourd'hui une nageuse pro. Fallait-il une confiance en soi absolument immense pour se lancer sur cette voie ?
Je dirais qu'il fallait surtout de la détermination, car le chemin est long pour devenir nageuse pro. La confiance s'acquiert plus tard avec l'expérience des compétitions qui deviennent de plus en plus importantes.

De l'extérieur, tu sembles avoir une confiance inébranlable. Est-ce que c'est vrai ? Est-ce que ça a toujours été le cas ?
J'ai toujours eu confiance en ce que je faisais et je savais que mes choix étaient les bons. En revanche, j'ai une faible estime de moi, ça peut paraître paradoxal, mais c'est pourtant le cas. Je travaille beaucoup sur ce point-là, car c'est une faiblesse au quotidien, je suis rarement satisfaite de moi-même et j'ai tendance à ne retenir que le "moins bon".

À ton avis, qu'est-ce qui t'a donné confiance en toi ?
Le fait de réussir dans mon sport si vite. Quand j'étais jeune, j'étais plus grande que mes copines, donc j'ai vite progressé. Mes parents y sont pour beaucoup aussi, ils m'ont toujours encouragée dans cette voie et c'est ça qui donne vraiment confiance.

As-tu des astuces pour booster sa confiance en soi ?
Il n'y a pas vraiment d'astuces universelles, mais au quotidien, je me répète des choses quand j'ai des moments de doute, ou bien je me confronte à des situations que je n'aime pas forcément pour travailler cette confiance.

Peux-tu me donner ta définition de la confiance en soi ?
Pour moi, avoir confiance en soi, c'est être sereine et claire avec soi-même. Il ne s'agit pas forcément d'être sûre de soi à 100 %, mais être consciente et réfléchie sur soi-même.

Est-ce que tu as cette confiance en toi dans tous les autres domaines de ta vie ?
Non, je doute très souvent de moi-même pour des choses futiles. À l'école, je n'avais pas confiance en moi et je perdais mes moyens le jour J. Il a fallu du temps et, même encore aujourd'hui, je continue à y travailler parce que pour moi, c'est un domaine très important pour performer dans mon sport et aussi pour avancer dans ma vie de femme.

Crois en toi.
Deviens le genre
de personne
avec qui tu seras
heureuse de vivre
toute ta vie.

—GOLDA MEIR—

LES ASTUCES « confiance en soi » de la semaine

L'astuce de Fanny, 33 ans
"Cuisiner pour faire plaisir à mon entourage et recevoir des compliments."

*

L'astuce d'Anaïs, 41 ans
"Se recentrer sur des sujets que l'on maîtrise à 100%."

*

L'astuce d'Émilie, 27 ans
"Relire les sms de mon mari qui me dit que je suis la meilleure !"

*

L'astuce de Sophie, 37 ans
"L'autodérision !!!"

La TO-DO LISTE de la semaine

- [x]

- [ ] *Se sourire, chaque matin, devant le miroir. (Oui, encore et toujours !).*

- [ ] *Remplir le journal de gratitude.*

- [ ] *Faire ses exercices de respiration (voir p. 23).*

- [ ] *Définir votre confiance en amour (voir p. 85).*

- [ ] *Lâcher prise grâce aux exercices pratiques (voir p. 87).*

LE TEST
Confiance en soi et amour : où en êtes-vous ?

Pour être bien avec les autres, il faut d'abord s'aimer soi-même. Cela est on ne peut plus vrai dans une relation amoureuse. Réussir à faire confiance à l'autre alors qu'on peine à se faire soi-même confiance, est-ce possible ?

1. Pour vous, l'amour, c'est :

A Un truc magique de contes de fées ou de séries de l'après-midi sur M6, mais dont on ne voit jamais ce qui se passe une fois le générique terminé.

B Une relation qui demande des concessions et du courage, mais qui peut être jolie.

C C'qu'il y a d'plus beau... si on occulte la fin de *Roméo et Juliette*, évidemment, mais Shakespeare a vraiment abusé.

2. Lors de votre tout premier rendez-vous avec *THE* élu(e) de votre cœur :

A Vous avez tremblé comme une feuille morte en pleine tempête, en vous disant que ce n'était pas du tout une bonne idée d'y aller.

B Vous avez changé 167 fois de tenue et avez passé la porte entre sourde angoisse et excitation.

C Vous aviez un sourire jusqu'aux oreilles à l'idée de ce rendez-vous.

3. L'amour-de-votre-vie a les yeux rivés sur son téléphone et le garde même pour se brosser les dents.

A Oh purée de brocolis à poils courts, il y a baleine sous gravillon, il se trame quelque chose.

B Mazette, il se passe un truc chelou là, non ? Vous aimez moyennement.

C Ouh !!! Il est sûrement en train d'organiser un truc surprise !!!

4. L'amour-de-votre-vie, laisse traîner son téléphone sur la table basse pendant sa douche.

A Vous vous précipitez dessus : sms, mails, derniers appels reçus ou émis.

B Vous hésitez, et regardez vite fait s'il vient à s'allumer.

C Vous allez vous faire un thé en laissant le téléphone là où il est.

5. L'amour-de-votre-vie a, depuis quelque temps, un comportement qui ne vous plaît pas :

A Vous rongez votre frein en silence, en vous disant que peut-être, c'est la tragique fin qui survient.

B Vous tentez de le re-séduire sans rien lui dire.

C Vous lui demandez sans détour ce qui se passe afin de chercher des solutions ensemble.

SI VOUS AVEZ UN MAXIMUM DE A : Votre manque de confiance en vous vous empêche d'être totalement vous-même dans votre couple. Osez sortir de votre coquille, l'amour, c'est aimer les qualités, mais aussi les défauts de l'autre.

SI VOUS AVEZ UNE MAJORITÉ DE RÉPONSES B : Pensez à ce test et réfléchissez au fait que peut-être, parfois, vous vous oubliez dans votre histoire...

SI VOUS AVEZ UN MAX DE C : C'est sûrement que votre couple est équilibré, et que vous avez confiance en l'autre qui vous le rend bien.

POUR (SE) COMPRENDRE
Avoir plus confiance en soi dans les relations amoureuses

Aaaaaah, l'amour ! C'est beau, c'est fort, c'est... compliqué. Parce qu'au-delà d'avoir confiance en soi, il faut réussir à avoir confiance en soi par rapport à l'autre, tout en ayant confiance en l'autre (fastoche, non ? !). Alors comment faire pour maintenir une relation équilibrée et amoureuse ?

Ouste la jalousie ! Si c'est mignon, un peu de jalousie, trop de jalousie peut aussi vite dézinguer une relation. On le voit régulièrement dans les faits divers : crimes passionnels, embrouilles amoureuses... Mais, même sans aller aussi loin (on ne va pas verser dans le mélodrame !), une grosse jalousie montre votre manque de confiance : envers vous-même, mais aussi envers votre moitié. Sachez faire confiance, votre couple n'en sera que plus heureux !

• **Vive les démonstrations positives.** Oui, l'autre a des défauts. Vous aussi, d'ailleurs. Alors, si au lieu de râler pour des détails insignifiants, vous vous félicitez pour des petits trucs positifs, votre couple sera dans le bien-être plutôt que dans les reproches.

• **Ouste la dépendance.** Oui, s'aimer, c'est ce qu'il y a de plus beau... et partager des choses ensemble, c'est merveilleux. Mais attention à ne pas devenir totalement dépendante à l'autre, on se sentirait vite étouffée.

• **Vive les moments en amoureux.** Pouvoir sortir de sa zone de confort avec l'être aimé, voilà qui facilite la prise de confiance en soi et qui crée en plus de jolis souvenirs à se remémorer le soir dans le canapé.

• **Ouste les exigences trop poussées.** Oui, vous aimeriez que l'autre soit la perfection incarnée... mais l'idéal n'existe même pas dans les contes de fées ! Alors ne mettez pas la barre trop haut, acceptez aussi bien les petits défauts que les grandes qualités !

• **Vive les bases solides.** En amour, les mensonges et les faux-semblants ne sont pas de mise. Soyez vous-même, c'est nécessaire pour ne pas vous perdre !

• **Ouste les histoires du passé !** Oui, vous avez peut-être souffert, été dupée, trahie... mais chaque histoire n'a pas le même refrain, croyez en celle-ci !

• **Vive le moment présent.** Profiter des petits bonheurs au moment présent, c'est l'assurance de se construire solidement.

En bref, aimez-vous fort, communiquez, vivez chaque petit bonheur à fond et surmontez les soucis à deux. Cela boostera votre confiance en l'autre et en vous aussi ! (Hashtag cœur avec les doigts, paillettes et trop de *love* !)

EXERCICE PRATIQUE
Lâcher prise !

À cause du manque de confiance en soi, on n'ose pas dire non. Parce que dire non, c'est s'affirmer, et que s'affirmer, c'est s'exposer. Un psy remonterait peut-être à votre enfance en vous signalant que vous avez été frustrée pendant votre phase d'opposition, que vous n'avez pas osé assez dire "NON" et que maintenant, vous n'osez plus du tout le dire. Résultat, vous vous retrouvez à accepter de garder le chien de la grand-mère par alliance de la cousine de votre voisin alors que vous êtes allergique aux poils de chien et qu'en plus, vous auriez voulu partir en week-end, vous aussi.

Y'en a marre, vous vous dites, en mâchant un Malabar. Parce que vous êtes frustrée, et que la frustration, ça n'est jamais bon. Alors venez, cette semaine, on s'offre une journée du Non, une journée de l'opposition, une journée pour remettre les pendules de l'opposition à l'heure.
Cette semaine, vous avez le droit, non, même l'obligation, de régresser, et de vous offrir un *terrible two*, cette phase d'opposition qu'on a généralement vers deux ans, quel que soit votre âge, votre niveau social ou votre situation professionnelle.

Choisissez cinq items de la liste ci-dessous à checker dans la journée, (vous pouvez en checker davantage !) :

- **Refuser un appel** si vous savez que la personne en face va se plaindre ou vous demander un truc que vous ne pourrez pas refuser.
- **Sauter dans les flaques,** même si vous aurez les chaussettes trempées.
- **Manger des nouilles au gruyère** à même la casserole.
- **Vous offrir un cadeau,** même si ce n'est pas votre anniversaire.
- **Manger un croissant** sur le lit.
- **Regarder une série** qui vous plaît jusque tard dans la nuit.
- **Faire du trampoline** sur votre lit.
- Vous offrir une **séance de grimaces** en selfie.
- **Faire des bulles de chewing-gum** en les laissant exploser.
- Vous offrir un **petit déjeuner** en guise de dîner.
- **Plonger dans un bain** avec des bulles par milliers.
- Faire une **partie de boxe** contre un oreiller.
- Aller vous **promener en forêt** et crier.
- **Vous maquiller** avec les couleurs les plus flashy de votre palette, juste pour vous marrer.
- Faire une **soirée pyjama** avec vos copines, surtout si vous n'avez rien à fêter.
- Mettre la **musique à fond** et danser, jusqu'à vous en écrouler sur le canapé.

ALORS, ÇA FAIT DU BIEN DE LÂCHER PRISE, NON ? !

Le top 10 des bonnes raisons de se moquer du regard des autres

La peur du regard de l'autre et le manque de confiance en soi sont étroitement liés. Mais comme l'œuf naît de la poule… ou la poule de l'œuf, on ne sait jamais si c'est le manque de confiance qui amène la peur du regard de l'autre, ou la peur du regard de l'autre qui amène le manque de confiance en soi. Et si on essayait de se moquer du regard des autres ? Voici dix bonnes raisons d'essayer :

1. C'est crevant, de faire attention au regard des autres.

Est-ce que je suis bien fringuée ? Est-ce que je ne vais pas dire une connerie monstre et être la risée du public ? Est-ce qu'il va m'apprécier ? Est-ce que j'ai une feuille de salade coincée entre les dents et qu'on ne verra que ça si je souris ? Autant de questions qui nous bouffent notre énergie. Accepter le regard des autres, c'est gagner en légèreté !

*

2. Ce que nous imaginons du regard des autres est faussé.

Par quoi ? Par notre propre jugement sur nous-même ! Alors ne prêtons pas aux autres nos exigences à notre encontre !

*

3. En fait, ça change quoi ?

Imaginons que nous ayons vraiment de la salade coincée entre les dents (pour ne prendre qu'un seul exemple facile à saisir) (oui, il m'arrive régulièrement d'avoir de la salade entre les dents). Que peut-il se passer, au pire DU PIRE ? Que l'autre nous fasse remarquer avec bienveillance qu'on a un truc, là, dans les dents ? Bon, merci. Et après ? ! Allons-nous crever de honte, là, sur place ? Ah bah, nan. Pareil si on dit une connerie monstre, en fait.

*

4. Les autres sont comme nous : sympas !

En règle générale, on fait preuve de bienveillance envers les autres… alors pourquoi les autres seraient-ils absolument méchants ? Ah ah ! À méditer !

*

5. Nos faiblesses ne sont pas vues comme des monstruosités…

Nous imaginons que l'on doit être parfaite pour être acceptée… Mais chacune a des failles… et accepte donc les faiblesses des autres ! Au contraire, nos failles nous rendent juste… HUMAINES !

*

6. Ce que nous imaginons du regard de l'autre n'est que de l'interprétation.

On pense qu'ils (aka LES AUTRES) vont nous prendre pour, au choix, barrez les mentions inutiles : nulle/tarée/hautaine/azimutée/timide/niaise. Mais en réalité, on « imagine que »… On ne sait pas en vrai. Parce qu'en vrai, peut-être qu'ils nous admirent, nous prennent pour une femme forte ou se disent qu'on a l'air vraiment chouette même si timide…

*

7. C'est leur donner un peu trop de pouvoir, non ?

Oui, peut-être que la collègue aigrie de la compta nous prend pour une conne et qu'on lit vraiment de la pitié dans son regard. Et alors ? Est-elle si importante pour nous pour qu'on lui accorde tant de poids ? Est-ce qu'ignorer son regard et l'évincer par un petit sourire ne serait pas bien mieux que de rougir en regardant ses pieds ?

*

8. Ceux qui nous regardent vraiment de travers, qui sont-ils ?

Certainement des gens bien plus malheureux que nous, en fait !

*

9. Ceux qui nous regardent vraiment de travers, nous connaissent-ils ?

Non, forcément non. En tout cas, pas vraiment. Alors montrons-leur qui on est vraiment !

*

10. Notre propre jugement est déjà suffisamment dur comme ça...

Finalement, le regard des autres à côté du nôtre, c'est du pipi de chat !

FOCUS
L'hypnose

Nombreux sont les gens qui ne croient pas à l'hypnose... jusqu'au moment où ils l'expérimentent eux-mêmes. Pourquoi l'hypnose pourrait vous aider à développer votre confiance en vous ?
Voici quelques réponses, avec Jessica Thibaut-Cottebrune, hypnothérapeute ericksonienne.

En quelques mots, l'hypnose ericksonienne, c'est quoi ? En quoi est-ce différent des shows auxquels on peut assister ?
L'hypnose ericksonnienne, c'est de l'hypnose thérapeutique qui vient d'Erickson, un psychiatre américain. Dans les shows, les bases sont à peu près les mêmes avec des inductions plus rapides, où tout est mis en scène (lumières, sons)... La salle est mise en condition grâce à un test et vont être choisis pour monter sur scène ceux qui sont le plus réceptifs, ceux dont le cerveau a le plus de mal à faire la distinction entre le réel et l'imaginaire (et donc ceux qui partiront en transe hypnotique le plus rapidement).
En hypnose thérapeutique, on se concentre sur une seule personne, sur sa problématique.

En quoi l'hypnose aide-t-elle à acquérir plus de confiance en soi ?
Sous hypnose, la personne lâche prise, le conscient se met en retrait pour laisser la place à l'inconscient... Pour donner une image, l'inconscient, c'est comme une caverne d'Ali Baba, il y a plein de trésors à l'intérieur, même des trésors cachés : un stock énorme de souvenirs, dont ceux qu'on pensait avoir «oubliés», tous nos apprentissages depuis la naissance (comme par exemple la marche : si marcher se fait sans réfléchir, automatisme bien rôdé, ce n'est pas pour autant inné, on a dû l'apprendre). Il y a aussi toutes NOS capacités, nos ressources, même des compétences qu'on pensait avoir perdues ! C'est juste que parfois, certains talents sont discrets ou s'endorment. Sous hypnose, on va aller les chercher, les réveiller, et ainsi on peut imaginer réactiver la confiance, l'assurance !
Parfois dans la vie, on vit des événements qui nous font perdre confiance, en nous, dans les autres... On se dénigre, «on s'automaltraite» et, comme le cerveau ne fait pas la différence entre le réel et l'imaginaire, à force de se dire «je suis nulle, je suis moche, je ne vais pas y arriver», le cerveau finit par y croire !!! Et ces mauvaises pensées peuvent générer des maux, des tensions, des douleurs corporelles...
En hypnose on soigne les maux par des mots ! Et les mots ont un pouvoir magique...

Comment se déroule une séance "classique" ?
En début de séance, on discute de la problématique, des changements que la personne veut opérer, et puis on définit l'objectif. Après explication du déroulement de la séance, on passe à des jeux hypnotiques qui mettent progressivement en état d'hypnose. C'est là que l'inconscient prend toute sa place, et que je sers de guide afin d'amorcer les leviers du changement souhaité. On fait taire le conscient pour que l'inconscient se mette en avant. L'inconscient, c'est comme un protecteur, c'est une partie de notre cerveau qui nous protège tout le temps.

La personne sous état d'hypnose peut s'exprimer à tout moment, elle n'est pas endormie ! Une fois que le voyage hypnotique touche à sa fin, on rejoint le présent, riche de tous les bienfaits occasionnés par cette séance.

Est-ce que l'autohypnose est fondamentalement différente ? Ou pas du tout, et dans ce cas, formez-vous à l'autohypnose ?
Je ne forme pas vraiment à l'autohypnose, mais je donne des petits exercices, des méthodes pour se détendre, pour soulager le mental... Je pense que maîtriser l'autohypnose nous aide à mieux gérer nos émotions, nos frustrations, mais aussi à faire le clair dans nos idées afin de prendre de bonnes décisions, ça aide aussi pour la concentration. Il faut entraîner son imaginaire ! Car sans imaginaire, l'état d'hypnose est compliqué à acquérir. Et on est tous capables d'imaginer !
Pour moi l'autohypnose c'est une forme de méditation. Avec un praticien, en hypnose, on va travailler des points parfois plus complexes, des phobies, un état de déprime, des addictions... Parfois il est nécessaire de faire des régressions dans le passé pour aller consoler l'enfant intérieur, parfois il faut réaliser un deuil (deuil d'une personne, mais aussi deuil d'une période de vie, deuil amoureux, deuil d'un travail, d'une maison, de son corps d'avant...). En autohypnose c'est presque impossible de faire ce genre de choses, il faut être accompagné par un praticien.

Avez-vous un récit d'expérience à raconter sur un patient qui a repris confiance grâce à l'hypnose ?
Il y a une patiente qui m'a marquée par son évolution... C'est une jeune femme de 36 ans qui est venue me voir pour perdre du poids. Elle se sentait moche, n'osait pas se mettre en maillot de bain à la plage, et elle cachait ce mal-être par une grande jovialité, par l'humour. Mais là, dans le cabinet, le masque tombe. Je sors les Kleenex, je lui pose pas mal de questions pour la connaître, savoir ses motivations, son objectif... J'ai fait trois séances avec elle, et j'ai repris des nouvelles quelques mois après. Je l'appelle, et elle me dit qu'elle est en vacances au soleil en Crête, qu'elle a perdu 7 kg (en quatre mois), mais que pour elle, le plus important, c'est qu'elle se met en maillot sur la plage sans se poser de questions ! Elle est plus légère dans sa tête et donc plus légère dans son corps d'où la perte de poids qui a suivi. Et le bonus dans l'histoire, c'est que sa fille de 12 ans, elle aussi en surpoids, elle aussi mal à l'aise avec son corps, a perdu 3 kg, raffole depuis peu des tomates cerises et rayonne sur la plage en maillot sans se poser de questions !

Souvent, notre propre changement peut influencer le changement de nos proches ! L'hypnose permet de reprendre confiance ! L'hypnose réveille nos capacités, nos ressources, même les plus enfouies !

Le site de Jessica Thibaut-Cottebrune :
http://www.manche-hypnotherapie.fr

LE COUP DE POUCE
L'anticipation et la préparation

Comme on l'a déjà vu à maintes reprises, le manque de confiance en soi vient souvent du fait qu'on a du mal à sortir de sa zone de confort, à oser, à prendre des risques. C'est une des raisons qui font qu'on a la boule au ventre lorsque l'on doit, par exemple, parler devant un groupe de personnes, ou se lancer dans quelque chose qu'on ne connaît pas.

Pour ne pas avoir à se lancer dans l'inconnu, une astuce consiste à anticiper et à préparer, afin de développer sa confiance en soi en amont. Alors, comment on s'organise ?

L'habit ne fait pas le moine, mais il aide à se sentir à l'aise.
Selon la situation que vous vous apprêtez à vivre, votre tenue ne sera pas la même. Rendez-vous amoureux, entretien d'embauche, premier jour de travail, rendez-vous pour être bénévole dans une association ? Choisissez avec soin votre tenue. Demandez conseil à une amie si vous hésitez. Prenez une tenue dans laquelle vous êtes suffisamment à l'aise pour ne pas avoir à vous demander si votre jupe n'est pas en train de se rouler en boule façon ceinture ou si votre haut n'en dévoile pas plus que ce qu'il ne devrait.

La petite astuce : Même si c'est un entretien téléphonique et qu'on ne vous verra pas, ne restez pas en pyjama pilou-pilou. Mettez votre costume « confiance en soi ». Ok, votre interlocuteur ne le verra pas, mais cela vous donnera un plus grand sentiment de confiance. Si, j'vous jure, essayez, vous verrez !

En fonction de la situation à venir, prenez le temps de l'analyser.
Projetez-vous. Posez-vous les bonnes questions.

- Qu'est-ce qu'on attend de vous ?
- Quelles questions risque-t-on de vous poser ?
- Que devrez-vous dire ?

Envisagez toutes les éventualités, entraînez-vous à parler devant un miroir, à voix haute. Apprenez quelques phrases toutes faites.

Regardez-vous droit dans les yeux, comme vous le ferez en situation avec la personne en face de vous.

Oui, le stress sera certainement de la partie. Mais vous serez également plus confiante en ayant préparé la situation. Bien évidemment, il y a toujours des imprévus, on ne peut pas tout anticiper. Mais en ayant bordé le cadre au maximum, même les imprévus ne devraient pas vous faire perdre pied !

Bon à savoir : Se préparer et anticiper ne veut pas dire se créer un personnage de toutes pièces. Restez vous-même, c'est pour cela qu'on vous appréciera !

Le témoignage

d'Anne, qui a testé l'hypnose pour l'aider à gagner en confiance en elle.

Récit d'une évolution.

J'ai un grand manque de confiance en moi depuis mon enfance et je dois constamment me battre avec cette petite bête dans la tête qui me massacre à la moindre occasion ! J'ai été remise à ma place étant enfant avec des remarques très blessantes et cela a été particulièrement destructeur. Le plus difficile pour moi était de réaliser que mes parents pouvaient avoir un côté doux, tendre et bienveillant, mais en même temps cassant et terrifiant. Que cela ne venait pas de moi, mais d'eux et que MOI, je laissais trop de place à leurs remarques.

J'étais loin de penser selon l'adage "Ne t'attends pas à ce que les autres changent pour toi... C'est à toi de changer tes attentes."

C'est con, mais ça a été hyper intéressant à développer... Je n'avais pas, en tant qu'adulte, à attendre de leur part une quelconque fierté, reconnaissance, etc. Je me devais de me mettre au centre de mes attentes.

L'hypnose, j'avais envie depuis longtemps d'essayer, car ancienne fumeuse. Mais je n'avais jamais eu le courage... jusqu'à ce qu'on me conseille une hypnothérapeute.

Pendant les séances, on définit ce sur quoi on va se concentrer : événement passé ou actuel, situation particulière. La praticienne me demande de suivre le mouvement de ses doigts devant mes yeux... jusqu'à ce que je me retrouve sous hypnose. C'est un état où on est là sans y être tout à fait; c'est assez difficile à décrire. Comme si on avait un voile sur les yeux qui fait qu'on sait tout, qu'on voit tout, sans être vraiment présent ! C'est une espèce de rencodage des perceptions. Au lieu de garder les idées pourries dans la tête, on en met de nouvelles, plus fortes, pour les contrer... (en facilité hein !!!)

Les bienfaits de l'hypnose, c'est tout d'abord que c'est un endroit où je DOIS me laisser aller... moi, la control freak, c'est tout nouveau ! Ensuite, elle arrive à mettre dans mon esprit des solutions là où je pouvais partir en panique totale. Et enfin, elle dédramatise aussi le fait qu'on puisse se sentir seule à vivre cela... alors que finalement, non. Et ça fait du bien, de savoir qu'on n'est pas seule.

C'est elle et moi qui définissons la durée du programme. C'est un travail à deux car je me laisse guider ET elle me guide ! Au quotidien, cela m'aide à prendre confiance en moi, en prenant du recul. Par exemple, pour la première fois à Noël, je me suis retrouvée à me dire "Mais POURQUOI t'es stressée ?" et à ENFIN me détendre...

Je refuse que
la peur de l'échec
m'empêche de faire
ce qui m'importe
vraiment.

—EMMA WATSON—

LES ASTUCES « confiance en soi » de la semaine

L'astuce d'Aurélie, 38 ans

"Po-si-ti-ver coûte que coûte. Regarder derrière moi et voir où je suis aujourd'hui. Apprendre d'hier, vivre pour aujourd'hui et espérer pour demain."

*

L'astuce d'Indie, 40 ans

"Des petits rituels : dire que je l'aime à mon fils, prendre cinq min chaque mois pour regarder mes dossiers finis au bureau en constatant qu'ils se sont bien passés malgré le stress qu'ils provoquent."

*

L'astuce de Coralie, 30 ans

"Être lucide quant à mes qualités (et défauts), accepter de ne pas être parfaite."

*

L'astuce de Cécile, 38 ans

"Pour la prise de parole en public, je m'entraîne à voix haute dans ma voiture à formuler mes propos."

La TO-DO LISTE de la semaine

- [ ] Se sourire, chaque matin, devant le miroir. (Oui, encore et toujours !)
- [ ] Remplir le journal de gratitude.
- [ ] Faire ses exercices de respiration (voir p. 23).
- [ ] Faire le test sur la confiance au travail (voir p. 97).
- [ ] Faire l'exercice pratique de la semaine : Assumer ses choix (voir p. 99).
- [ ] Célébrer les petites victoires.

LE TEST
La confiance au travail

Dans les relations professionnelles, il est encore plus compliqué de montrer son manque de confiance en soi. Néanmoins, si on peut parfois souffrir du syndrome de l'imposteur, on peut également se dire qu'on a été choisie pour ce boulot, ce qui peut développer la confiance en soi. Et vous ? Avez-vous confiance en vous dans votre métier ?

1. Oups ! Panne de réveil ce matin, alors que vous avez un rendez-vous important. Vous allez donc être en retard (logique).

- A Vous appelez pour décaler le rendez-vous et vous excuser.
- B Vous sortez un gros mytho de derrière les fagots, parce que c'est trop la honte d'être en retard.
- C Vous appelez pour annuler le rendez-vous, malade de tant de laisser-aller.

2. Selon les bruits de couloir, certains employés vont avoir une promotion...

- A Oh oui ! Vous la voulez !
- B Vous espérez que ce sera vous.
- C Aucune chance que vous soyez concernée.

3. Selon les bruits de couloir, il va y avoir des licenciements

- A Aucune chance que cela vous concerne.
- B Vous espérez que ce ne sera pas des collègues sympas.
- C Vous tremblez comme une feuille et imaginez que les prochains mois vont être compliqués.

4. C'est l'heure de l'entretien annuel :

- A Ah, enfin, vous comptez demander une augmentation.
- B C'est toujours un peu stressant, mais vous êtes bien préparée.
- C Vous n'en dormez pas depuis des jours et avez la nausée rien que d'y penser.

5. On vous demande votre avis en pleine réunion de travail :

- A Vous le donnez. De toute façon, vous le donnez déjà quand on ne vous le demande pas !
- B Vous vous éclaircissez la voix, pas fière, mais dites ce que vous en pensez.
- C Oh punaise. Vous voilà rouge comme une pivoine et incapable de prononcer un mot. Vous vous en sortez (mal) par un borborygme de votre estomac qui passe pour un oui. Youpi.

VOUS AVEZ UN MAX DE A : Eh bien voilà un endroit où vous êtes comme un poisson dans l'eau ! Profitez-en !

VOUS AVEZ UN MAX DE B : Pas toujours très optimiste, vous vous en sortez quand même pas mal niveau confiance en soi au travail.

VOUS AVEZ UN MAX DE C : Bon. Ce n'est sûrement pas la peine de vous le dire, mais il y a des efforts à fournir aussi de ce côté-là. Lisez vite le texte qui suit et haut les cœurs ! Vous avez des capacités !

POUR (SE) COMPRENDRE
Le syndrome de l'imposteur

Aaaaah, le fameux syndrome de l'imposteur ! Le connaissez-vous ? Le syndrôme de l'imposteur, c'est, entre autres, quand :

- **Vous avez** l'impression de ne pas être à la bonne place.
- **Vous pensez** ne pas avoir les compétences nécessaires.
- **Vous avez** le sentiment d'usurper les succès.
- **Quand vous** réussissez quelque chose, vous accusez la chance.
- **Quand vous** foirez quelque chose, vous vous accusez, VOUS.
- **Vous avez** toujours l'impression d'avoir foiré.
- **Vous manquez** cruellement d'objectivité.
- **Vous êtes** hyper dure envers vous-même.
- **Vous pensez** que vous n'êtes pas à la hauteur.

Vous avez répondu oui à plusieurs affirmations ? Pas de doute, vous souffrez du syndrome de l'imposteur.

Les personnes qui souffrent du syndrome de l'imposteur ont tendance à se comparer aux autres, sans voir leurs propres qualités. Pire même, elles se dénigrent de manière quasi systématique.

Ce sont des perfectionnistes ultra exigeants avec eux-mêmes dont les objectifs sont tout bonnement impossibles à atteindre. De fait, ils deviennent d'éternels insatisfaits qui se dénigrent d'autant plus qu'ils ne peuvent clairement pas assumer le niveau de leurs exigences.

Ils attendent tellement d'eux-mêmes qu'ils se disent que fatalement, les autres doivent en attendre autant.
Ils tentent de s'en tirer en apprenant toujours plus, de combler leurs soi-disant lacunes par du travail supplémentaire.

Et lorsqu'on les félicite, ils sont du genre à tourner la tête pour vérifier que c'est bien à eux qu'on s'adresse... puis à se demander si ce n'est pas une blague, ou pire, une moquerie. Quand ils comprennent que c'est bien vrai, ils ont alors une fâcheuse tendance à signaler que « oui, mais là, ce n'est pas exactement ce que j'avais imaginé... » et à chercher les petits défauts, quitte à tendre le bâton pour se faire battre.

C'est épuisant, de souffrir du syndrome de l'imposteur !

Mais la bonne nouvelle, c'est évidemment qu'on peut travailler là-dessus, petit à petit !

EXERCICE PRATIQUE
Assumer ses choix

Il est normal, parfois, d'hésiter et de se remettre en question quand quelqu'un de plus confiant nous affirme qu'on est en train de faire le mauvais choix. Sauf que plus on manque de confiance en soi, plus il est dur de décider et d'assumer jusqu'au bout cette décision. Tant qu'on n'a pas de choix à faire, tout va bien... sauf que malheureusement, la vie est faite de choix, qui ont plus ou moins d'incidence sur son déroulement. Apprenez à assumer vos choix, grâce à un petit exercice pratique.

Exemple concret, qu'on a toutes connu un jour ou l'autre : vous êtes au restaurant et la carte des desserts arrive. Tarte à la myrtille ou profiteroles au chocolat ? Vous hésitez, persuadée que si vous en prenez un des deux, l'autre sera forcément meilleur (c'est le jeu ma pauv' Lucette, c'est comme le choix de la caisse au supermarché, on tombe toujours sur celle où la cliente précédente a oublié de peser ses légumes). Vous demandez aux copains assis autour de la table ce qu'ils ont choisi, pour vous donner une idée. Cela ne vous aide pas plus. Vous demandez l'avis du serveur, qui vous dit que lui, il préfère la crème brûlée... Vous voilà avec un choix de plus. Vous annoncez (parce qu'il faut aller vite maintenant, le serveur attend), que vous allez prendre la tarte à la myrtille... et regrettez votre choix dès les talons du serveur tournés.

Cet exemple ne changera pas le cours de votre vie, la tarte à la myrtilles était sûrement très bonne, ou alors, vous avez réussi à faire moitié-moitié avec la copine qui a pris les profiteroles. Mais si, à la place du dessert, on parlait d'un changement professionnel, d'un projet, d'une relation amoureuse ? Que choisir ? La stabilité ennuyeuse ou le projet ambitieux... mais pour lequel faut-il prendre des risques ?

Pour chaque choix que vous avez à faire, voici un premier exercice : faites deux colonnes, une pour les avantages, l'autre pour les inconvénients. En ajoutant des points selon l'ordre des priorités. Et dès lors que vous avez décidé, ne changez plus d'avis ! Même si vos proches, qui ont peur pour vous et qui veulent vous protéger, vous listent les inconvénients de votre décision.

Et on en arrive au second exercice : affirmez-vous. Annoncez fort et clairement : «C'est mon choix.» Justifiez-vous le moins possible où les autres verront que vous pouvez encore changer d'avis.

Tarte à la myrtille, tu es sûre ? Oui. C'est mon choix.
Reprendre une formation, à ton âge, vraiment ? Oui. C'est mon choix.
Partir en *road trip*, sac sur le dos ? Oui. C'est mon choix.

Utilisez cette technique pour les petites décisions... puis pour les plus grandes. Vous verrez que ce choix assumé modifiera le regard des autres sur vous... et, plus important, vous fera sentir plus confiante. Grandie.

Le top 10 des façons de célébrer ses petites victoires

Parce qu'il est important de célébrer les petites victoires, aussi minimes soient-elles, pour s'engager sur le chemin des grandes victoires et gagner, à chaque fois, toujours un peu plus de confiance en soi, voici dix façons de célébrer les moments forts du quotidien :

1. En réfléchissant en fin de journée aux petites victoires qui semblent insignifiantes et qu'on n'a pas forcément remarquées : faire sourire quelqu'un, se lever du bon pied, rester patiente alors que quelque chose vous agaçait...

2. En transformant, comme dans l'exercice pratique précédent, un échec en petite victoire.

3. En notant chaque infime victoire sur le chemin des plus grandes. Ne vous arrêtez pas au but atteint, sachez décortiquer les étapes pour être d'autant plus fière !

4. En notant chaque petite victoire : dans votre carnet de gratitude ou dans un endroit spécifique pour vous (comme à la fin de chaque mois dans ce guide !).

5. En vous autocongratulant : regardez-vous dans un miroir et dites-vous que vous êtes fière de vous !

6. En immortalisant ces victoires : une photo à conserver dans un dossier pour les victoires que vous pouvez photographier.

7. En prenant le temps, vraiment, de savourer chaque victoire, sans penser à la suite.

8. En partageant ces petites victoires avec les gens qui comptent : à bas la fausse modestie, soyez fière de dire que vous avez réussi !

9. En ressortant les dossiers pour les jours de moins bien : regarder, avec du recul, ce qu'on a réussi à faire la semaine d'avant, il y a six mois, etc.

10. En vous offrant une petite récompense pour chaque petite victoire réussie : le droit de regarder une bonne série même si vous aviez prévu de faire du ménage, un moment pour vous boire un thé chaud en lisant un bon bouquin... et en vous offrant une grosse récompense pour les grosses victoires !

FOCUS
La méditation pour améliorer sa confiance en soi

Peut-être que certaines d'entre vous vont passer cette page en se disant que c'est du charabia. Mais soyez curieuse quelques minutes. S'essayer à la méditation ne peut pas faire de mal, alors, si ça peut faire du bien, pourquoi ne pas tenter ?

Voilà quelques raisons qui font que la médiation pourrait vous aider à développer votre confiance en vous.

• La méditation permet d'être plus objective par rapport à nos pensées, nos sentiments, nos états d'âme, en prenant de la distance par rapport à notre ressenti, et donc en lui donnant un peu moins d'importance que lorsqu'on a la tête dans le guidon et l'impression de se noyer dans un verre d'eau.

• Pratiquer la médiation, c'est se focaliser le temps de la séance sur le moment présent.

• Se mettre à la méditation, cela peut en quelque sorte être une façon de sortir de sa zone de confort en essayant quelque chose de nouveau, pour se faire du bien, pour soi. C'est une pratique qui se vit sur l'instant, mais qui peut également vous faire aborder la vie différemment, une façon de dire : « Je veux que certaines choses évoluent, se débloquent. »

Comment commencer la méditation ?
Le net regorge de vidéos ou d'exemples de méditation. Il existe aussi de nombreuses applications pour aborder la méditation.
Concrètement, la première chose à faire serait de vous poser dans un endroit calme, libre de toutes tâches du quotidien à effectuer. Vous offrir un vrai moment pour vous recentrer sur vous-même.
Pensez aux sentiments positifs éprouvés lors de petites et grandes réussites de votre vie : la fois où vous avez été félicitée pour un examen réussi, celle où vous avez gagné une épreuve sportive, cette fois où on vous a trouvée magnifique… Pensez aux sentiments ressentis dans ces moments-là.

Essayez de garder ces émotions positives en vous et de les transposer quand vous ressentez un manque flagrant de confiance en vous, de l'anxiété ou du stress. Recommencez, dès que possible, et allez plus avant dans la méditation… Vous allez y prendre goût !

Les petites astuces : Trouvez un endroit vraiment calme, tenez-vous bien droite, inspirez et expirez lentement… Focalisez-vous vraiment sur un sentiment positif ou un mantra. Pour trouver la paix intérieure, méditez le plus souvent possible. Ce qui sera au départ vécu comme une corvée pourrait vite devenir votre bulle d'oxygène !

À noter : Après avoir essayé, vous vous dites que non, décidément, ce n'est pas pour vous, la méditation. Bon, bah… *good game*, bien tenté ! Ce n'est pas grave… et peut-être que d'ici quelque temps, vous aurez envie de réessayer autrement !

LE COUP DE POUCE
Dire non

Quand on n'a pas vraiment confiance en soi, oser dire non, c'est compliqué, parce qu'on ne veut pas entrer dans le conflit, parce que c'est plus facile de dire oui.
Oui, MAIS. Oser dire non, c'est assumer ses choix, et ne pas se retrouver à faire quelque chose qu'on n'a pas forcément envie de faire. C'est se retrouver, le soir venu, à ne pas se dire qu'on s'est encore lancée dans une affaire qui va nous prendre du temps et de l'énergie. C'est, clairement, une façon de se respecter.
Savoir dire "non", ça se prépare, ça se travaille au quotidien. Cela nécessite de la force de caractère… mais cela amène également de la fierté.

Voici quelques petites astuces pour vous aider à dire non :

• On se demande pourquoi on n'arrive pas à dire non : **peur de ne pas être aimée,** de passer pour la méchante de service, par habitude ou par peur du conflit ?

• On se promet qu'à partir de maintenant, on va rendre service quand ça nous fait plaisir… mais **pas se laisser marcher sur les pieds.** Ouais !

• On commence petit. Vous n'arriverez certainement pas du jour au lendemain à dire non à votre meilleure amie ou à votre boss. Mais entraînez-vous : sur un vendeur qui veut absolument vous vendre cette seconde paire de chaussures à - 20 %, par exemple… Demain, vous irez plus loin.

• On se dit, on se répète, que cela n'a rien à voir avec l'affect. Vous dites non à une demande parce que vous **n'avez pas le temps ou l'énergie,** et pas à la personne qui vous demande. Cela ne prouve pas que vous ne l'aimez pas, mais que vous avez d'autres choses à faire.

• On ne culpabilise pas ! Vous venez de refuser à votre belle-soeur de faire un aller-retour de 300 bornes pour l'arranger, elle. Vous avez vos raisons. Alors stop, ne vous dites pas « Oh la pauvre, elle va galérer… ». Vous auriez galéré, vous aussi, je vous signale ! Si l'autre vous en veut, c'est abusé. Point.

• On assume sa décision. Allez, on répète après moi « J'suis pas une girouette, oh ! ». Vous avez dit non, voilà. Noir c'est noir, il n'y a plus d'espoir, et « Non, c'est non, faut pas me prendre pour une con. » Hop, ça, c'est fait.

• On ne se transforme pas non plus en « poupée qui dit non », on n'est pas en pleine phase d'opposition. Donc quand ça ne nous plaît vraiment pas, on dit non. Mais si c'est juste la date qui ne correspond pas, on en propose une autre. Si on n'a pas le temps d'aider maintenant, mais que ça nous fait plaisir, on repousse à la semaine prochaine. **Et on peut donner quand même quelques conseils !**

Le témoignage

de Leslie, 38 ans, dirigeante de Parole de mamans

Tu es dirigeante d'entreprise, tu as créé, seule, un réseau incroyable. Dirais-tu que pour en arriver là, il fallait déjà, à la base, une grande confiance en soi ?

Une confiance en soi, je ne sais pas, une certaine folie, oui !
Quand on est entrepreneuse, on doute toujours, on se remet en question en permanence. Il est important de faire confiance à ses intuitions, ses convictions et mettre toute l'énergie nécessaire pour les accomplir.

De l'extérieur, tu sembles avoir une confiance inébranlable. Est-ce que c'est vrai ? Est-ce que ça a toujours été le cas ?

De l'extérieur alors... c'est une posture, car je doute tout le temps. Je ne suis jamais satisfaite. Par contre, je mets tellement de conviction dans mes projets que ça peut s'interpréter comme de la confiance en soi.

À ton avis, est-ce que c'est ton métier qui t'a donné confiance en toi ? Est-ce que ça a aidé ? Est-ce que tu as cette confiance en toi dans tous les autres domaines de ta vie ?

Mon métier m'apporte des ailes, mes équipes, mes partenaires, nos lectrices, mes clients... Toutes ces personnes extraordinaires que je croise au quotidien et qui m'aident justement à avoir plus confiance en moi.

As-tu des astuces pour booster sa confiance en soi ?

S'assumer, ne pas avoir peur du regard des autres.

Fin du deuxième mois

L'heure du bilan

Voilà, le deuxième mois se termine. Vous avez sûrement connu des réussites, quelques échecs aussi. Il y a peut-être certains défis que vous avez regardés du coin de l'œil en manquant de vous étouffer parce que cela vous semblait too much*... et d'autres que vous avez relevés haut la main.*

C'est maintenant l'heure du bilan, prenez le temps de vous poser, d'y réfléchir et d'en dégager en top priorité les résultats positifs. Ce sont ceux-là qui comptent ! Quant aux autres, il est encore temps de s'y (re)mettre, et d'analyser les raisons de vos échecs, en trouvant un moyen de les réussir.

Dès à présent, notez, en quelques mots :

- L'astuce que j'ai retenue..
- Le défi qui me fait du bien..
- Ma citation fétiche ....
- Le focus qui pourrait m'intéresser ....
- L'exercice que j'ai le moins réussi et que je vais refaire ....
- Le truc qui m'a rendue hyper fière de moi ....
- Le sentiment d'échec que j'ai ressenti..
- Ce que je compte faire pour y remédier ....
- Comment je me sens à la fin de ce deuxième mois....................
- Ce que je garde en tête à l'issue de ce deuxième mois....................

Bilan du mois 2

LE TABLEAU DE L'HUMEUR

Parce que la bonne humeur est importante, notez ici, pour chaque jour, comment vous vous êtes sentie en fin de journée, de 1 à 10, avec un petit smiley pour vous aider à visualiser.

MOIS 2	**Semaine 1**	**Semaine 2**	**Semaine 3**	**Semaine 4**
Lundi				
Mardi				
Mercredi				
Jeudi				
Vendredi				
Samedi				
Dimanche				

LE TABLEAU DES VICTOIRES

Et dans ce calendrier-ci, notez un mot ou une phrase, pour vous souvenir d'une victoire, d'un moment où vous avez ressenti de la fierté. Vous avez bien évidemment le droit d'en mettre plusieurs… Par contre, vous êtes dans l'obligation d'en noter AU MOINS UNE !

MES VICTOIRES	
Semaine 1	
Semaine 2	
Semaine 3	
Semaine 4	

Le bilan des tests

	Mon résultat	Ce que j'en pense	En quoi je peux encore m'améliorer
Quelle audacieuse êtes-vous ?			
Êtes-vous comme les autres vous voient ?			
Confiance en soi et amour : où en êtes-vous ?			
La confiance au travail			

LE BILAN DES EXERCICES PRATIQUES

	J'ai réussi haut la main (peau d'lapin !!!)	C'était dur, mais ça fait du bien	Je vais encore le travailler !
Cap ou pas cap ?			
Aller vers les autres			
Lâcher prise !			
Assumer ses choix			

Déjà le troisième mois ensemble ! Ne soyons pas nostalgiques tout de suite, on a encore du pain sur la planche ! Maintenant que vous avez atteint votre rythme de croisière et que vous avez déjà bien évolué, on va pouvoir s'attaquer à du costaud !

On va notamment aborder la notion de l'échec, et la façon de le surmonter. Comme les deux premiers mois, on reste dans un état d'esprit bienveillant. Mais cette fois, on va vous demander de l'être aussi avec vous-même, bienveillante... voire même de devenir votre meilleure alliée !

Ce troisième mois, c'est celui de la concrétisation : de votre confiance en vous, de votre façon de vous exprimer et d'agir avec les autres, mais également de ces quelques projets que vous avez, très certainement, à l'esprit !

ALORS, C'EST PARTI !

Mois 3

Le mois de la concrétisation

Le succès est souvent atteint par ceux qui ne savent pas que l'échec est inévitable.

—COCO CHANEL—

LES ASTUCES « confiance en soi » de la semaine

L'astuce de Nathalie, 50 ans
"Je me dis que l'échec est déjà acquis si je ne bouge pas."

*

L'astuce de Julie, 34 ans
"Relativiser, les conséquences de mes échecs ne sont jamais des mises en danger de mort ! Alors YOLO !!!"

*

L'astuce d'Ady, 35 ans
"Je me fixe de tout petits objectifs !"

*

L'astuce de Stéphanie, 37 ans
"Dernièrement j'ai obtenu une augmentation, alors que je commençais à me lasser de mon travail et songeais à en changer. Cela a modifié la donne et m'a boostée pour progresser davantage en ayant davantage confiance en mes capacités. Je prends de l'assurance et je vise plus haut !"

La TO-DO LISTE de la semaine

- [ ] Se sourire, chaque matin, devant le miroir (oui, encore et toujours !).
- [ ] Remplir le journal de gratitude.
- [ ] Faire ses exercices de respiration (voir p. 23).
- [ ] Faire le test : Comment gérez-vous les échecs ? (voir p. 113).
- [ ] Transformer ses échecs en victoires (voir p. 115).

LE TEST
Comment gérez-vous les échecs ?

Êtes-vous du genre à accepter les échecs comme des obstacles obligatoires dans la vie et à vous en servir pour devenir meilleure, ou au contraire à ne pas du tout être en mesure d'affronter les épreuves de la vie ? Faites le test !

1. Vous passez un entretien pour un boulot, mais vous n'êtes pas retenue :

A Vous demandez au boss ce qui lui a fait prendre sa décision, pour travailler sur ce point.

B Pffffffff, c'était sûrement naze en fait, ce poste, le patron était un gros blaireau.

C Vous vous y attendiez. Vous ne savez même pas pourquoi vous l'avez passé, cet entretien, c'était fichu d'avance…

2. Quand vous achetez un ticket de loterie :

A Vous vous demandez toujours ce que vous allez faire de tout cet argent gagné.

B Vous espérez toujours que ça va rembourser l'achat du ticket.

C Vous n'achetez JAMAIS de ticket de loto. À quoi bon ?

3. À peine le pied posé sur le sol de la patinoire, vous vous prenez un énorme gadin :

A Vous vous relevez en faisant un grand salut d'artiste pour ceux qui pourraient vous regarder.

B Vous demandez à changer de patins.

C Vous vérifiez que personne ne se moque et vous vous tenez à la rambarde pour le reste de la séance.

4. Vous foirez totalement une recette de gâteau dite « hyper facile » :

A Vous vérifiez la recette pour voir là où vous vous êtes plantée et vous recommencez.

B Vous changez de recette.

C Vous allez à la boulangerie acheter un gâteau.

5. C'est la seconde fois que vous loupez votre permis de conduire :

A Oui, bah ça arrive même aux meilleurs, hein. Mais la prochaine fois, ce sera la bonne!

B Doit y avoir une question de destin, c'est pas possible autrement !

C Vous vous remettez fortement en question. Vous êtes nulle, c'est évident.

VOUS AVEZ UN MAX DE A : Les échecs glissent sur vous sans trop vous atteindre. Vous arrivez facilement à rebondir, et pensez même que c'est important pour se construire, et aller de l'avant.

VOUS AVEZ UN MAX DE B : Vous préférez vous dire que ce n'est pas votre faute, si vous avez échoué. C'est une façon de vous protéger des échecs. Pourtant, ça ne devrait pas vous faire peur, mais vous faire vous poser les bonnes questions !

VOUS AVEZ UN MAX DE C : Vous rejetez systématiquement les échecs sur vos épaules. Même quand ce ne sont pas les vôtres. Ne prenez pas tout pour vous, et surtout, apprenez à les accepter comme des petits cailloux sur un chemin lisse !

POUR (SE) COMPRENDRE
La peur de l'échec

Personne n'aime perdre. Mais l'échec n'a pas la même amertume pour tout le monde. Alors que pour certains, la peur de ne pas essayer sera plus grande que celle d'échouer, d'autres se focalisent tellement sur l'angoisse de se tromper qu'ils n'osent plus rien tenter. C'est alors un véritable cercle vicieux.

Voilà en gros le processus de l'échec : vous êtes devant un risque à prendre, minime ou important, et vous imaginez que vous allez échouer. Votre cerveau se met alors en code rouge, afin de vous protéger : « Mayday, mayday ! Attention ! Tu vas avoir mal/souffrir/avoir l'air con ! » Voilà ce qu'il vous dit, tout en tentant de vous faire fuir à toutes jambes là où il sait que vous êtes bien, à savoir dans votre petite zone de confort.

En voici un exemple concret. L'an dernier, je me suis retrouvée sur un plongeoir de 5 m au-dessus de l'eau. Tout le monde avait plongé, en rigolant, « youpi tralala c'est trop fastoche ». Moi, j'étais passée de la position debout à allongée, accrochée sur le ciment du plongeoir. De « Allons-y, *let's go*, c'est parti les amis », j'avais repensé à cette fois où, vers 6 ans, le maître-nageur m'avait forcée à plonger et où il m'avait traitée de nulle parce que je refusais. À 5 m au-dessus du bassin, j'ai imaginé que je pouvais échouer. Mon cerveau m'a alors laissé entrevoir des images de moi-même en train de faire un plat d'anthologie, me faisant mal, déchirant mon maillot de bain et coulant au fond de la piscine, sans petit pull marine. Comme signaux, il m'a envoyé le rouge aux joues, le souffle court et quelques tremblements m'empêchant de me relever. Bingo, j'étais paralysée. Crainte de l'échec, peur, disparition de confiance en moi. Heureusement, les copains ont eu les bons mots. Plutôt que de se moquer, ils m'ont dit que je pouvais le faire, étape après étape. Me lever, m'approcher du bord, sauter, remonter à la surface et nager. Tout ça, je savais le faire. J'ai plongé. Fierté suprême.

- **Nos décisions de chaque jour,** c'est un peu comme un saut dans la piscine.
- **Il y a les appréhensions, la peur,** et si on arrive à dépasser cela, la réalisation.
- **Il faut aussi se dire que oui,** on peut échouer. J'aurais pu faire un plat magistral sur l'eau, c'était à envisager. Mais alors ? Cela n'aurait pas été agréable sur le coup, cependant les risques étaient moindres et mesurés.
- **Accepter qu'on puisse échouer,** cela fait partie du processus pour oser, malgré les risques encourus.
- **Il faut se demander,** de façon vraiment objective, ce qui importe le plus : les conséquences de l'échec ou ce qu'on gagne en cas de réussite ?

Est-ce qu'il vaut mieux ne pas prendre la parole parce qu'on risque de bafouiller, ou parler quand même et faire passer son idée ? Est-ce qu'il vaut mieux garder un boulot qui nous fait frôler le burn-out, ou tout plaquer pour réaliser son rêve ?
L'essentiel, pour réussir à dépasser la peur de l'échec, c'est d'accepter l'échec comme une possibilité, mais d'entrevoir surtout, qu'on peut réussir. C'est savoir ce qui importe le plus. Les conséquences de l'échec ou celles de la réussite ?

EXERCICE PRATIQUE
Transformer ses échecs en petites victoires

Rome ne s'est pas construite en un jour, et il y a sûrement eu beaucoup d'erreurs avant de réussir à en faire une ville magnifique. Chacun doit passer par des échecs avant de réussir quelque chose : on tombe avant de marcher, on ânonne des syllabes avant de savoir lire, on se plante avant de savoir compter... C'est la vie. Il faut juste réussir à se focaliser sur les victoires plutôt que sur les échecs. Et si on transformait nos échecs en une série de petites victoires ? Et si on les listait avec indulgence pour en tirer le bon ?

C'est le moment de votre exercice pratique !
Pensez à quelque chose que vous avez vécu comme un échec aujourd'hui, et transformez-le en petites victoires.
Vous êtes perdue, vous ne savez pas, vous ne savez plus ?

ALORS VOICI QUELQUES EXEMPLES :
«Je m'étais dit que j'allais courir 5 km, et j'ai finalement abandonné au bout de quinze minutes. J'suis nulle.» Zouing, rembobinement de la cassette. (Oui, «zouing» est un joli bruit de rembobinage, je trouve. Ne me jugez pas.)

- **Victoire n° 1 :** Vous vous étiez dit que vous alliez courir, et vous avez réussi à vous motiver.
- **Victoire n° 2 :** Vous n'avez peut-être pas tenu jusqu'au bout, mais vous avez néanmoins couru.
- **Victoire n° 3 :** Cela vous a fait du bien de courir !
- **Victoire n° 4 :** La prochaine fois, vous arriverez à courir un peu plus longtemps !

Et voilà comment d'un «échec», on vient de créer quatre victoires.

AUTRE EXEMPLE :
Vous avez fait un discours devant un groupe, mais vous ressassez les moments où vous avez bégayé, rougi, eu les mains moites, et le moment suprême où vous n'avez pas réussi à imposer votre idée comme étant la bonne. Oui, mais :

- **Victoire n° 1 :** Vous avez pris sur vous et osé parler.
- **Victoire n° 2 :** Le rougissement ne vous a pas arrêtée.
- **Victoire n° 3 :** Vous êtes allée au bout de ce que vous vouliez dire.
- **Victoire n° 4 :** On vous a écoutée.

Hop ! Que de réussites ! Allez, c'est à vous !

Aujourd'hui, je pense avoir vécu un échec parce que ....

....

Mais en fait, j'ai réussi à ....

....

FÉLICITEZ-VOUS !

Le top 10 des solutions pour surmonter sa peur de l'échec

Quelles solutions concrètes envisager pour surmonter votre peur de l'échec ? Top 10.

1. Déterminer l'origine de la peur. Dans l'exemple du saut depuis le plongeoir, l'origine de la peur remontait à une expérience vécue pendant l'enfance. Découvrir le début du problème, c'est déjà marcher sur le chemin de la solution. Oui, ça fait très moine bouddhiste, mais c'est vrai ! Vous ne débloquerez pas la peur en remuant le bout du nez comme la sorcière bien-aimée, mais cela vous permettra de réfléchir au souci, et d'y aller ensuite par étapes.

2. Dites-vous que l'échec fait fatalement partie de la vie. Même si vous passiez votre vie entière dans une bulle, vous auriez obligatoirement affaire à des obstacles. C'est inévitable.

3. Apprivoisez la peur. Mieux, servez-vous-en pour avancer dans vos projets, en essayant de la dépasser, toujours. Comme si vous étiez en duel contre elle. C'est vous qui allez gagner !

4. Imaginez le pire qui puisse se passer si vous ne prenez pas de risques. Et comparez-le au meilleur. Alors, à choisir ?

5. Éloignez-vous des mal-pensants. Il y aura toujours des gens pour jouer les rabat-joie et vous dire ce que vous risquez de pire plutôt que de meilleur. Peut-être ne le font-ils pas exprès, sûrement même le font-ils pour votre bien. Mais si vous pensez que c'est bon pour vous, ne parlez de vos projets qu'une fois qu'ils auront abouti. Et toc.

6. Simplifiez l'objectif. On ne passe pas du problème à la solution en claquant des doigts (sinon ce serait trop facile et il n'y aurait aucun intérêt). Décomposez les moments, les gestes, les automatismes. Décortiquez au maximum, jusqu'à ce qu'il n'y ait plus que quelques étapes sans grand risque. Vous voyez ?

7. Dites-vous qu'après la pluie, le soleil. Mouais, encore une citation de moine bouddhiste. Mais allons plus loin : clairement, chacun a son lot de réussites et d'échecs, non ? Et même si vous avez le sentiment que vous cumulez bien plus de déceptions que les autres, à un moment donné, à force de persévérance, la roue finit par tourner !

8. On apprend de ses erreurs. Et donc des échecs également. Faites-en votre mantra !

9. L'échec, c'est juste un résultat différent de ce à quoi vous vous attendiez. Arrêtons de diaboliser le mot «échec». Vous avez essayé, le résultat n'est pas ce que vous aviez escompté. C'est qu'il faut donc prendre une autre voie !

10. En retrouvant confiance en vous, vous surmonterez la peur de l'échec. Hé ! Mais ça tombe bien, c'est ce qu'on est train de faire !

FOCUS
Le choix du coach

En regardant un peu les réseaux sociaux et les moteurs de recherche, on se demande si être "coach" n'est pas le nouveau métier à la mode. Posts sur les réseaux, vidéos sur YouTube, guides gratuits sur les sites... Chacun essaie bien évidemment de se placer au mieux dans la jungle d'Internet. Du coup, on hésite, on tergiverse, et on se demande si pour certains, ce n'est pas de la poudre de perlimpinpin...
Comment ne pas se planter ?

Voici les choses à vérifier pour trouver le coach qu'il vous faut.

• Vérifiez les certifications
Ce n'est pas parce que j'ai fait du sport une fois que je peux m'improviser coach de sport. Devenir coach demande une formation, d'être passé par une école.

• Vérifiez la charte éthique
C'est obligatoire, il doit y avoir une charte éthique et un code de déontologie. Pour respecter les gens qu'il accompagne.

• Vérifiez sa façon de travailler
Allez-vous être à l'aise avec les outils qu'il utilise, avec les horaires qu'il va vous proposer, avec sa spécialisation s'il en a une, ou bien encore avec la façon dont vont se dérouler les séances ? Il faut que ce soit bien clair avant de s'engager.

• Vérifiez les supports de chaque séance
Allez-vous vous voir physiquement, *via* des rencontres par Skype, en groupe, en individuel, par téléphone, ou est-ce que ça va être un mix de tout ça ? Vous serez certainement plus à l'aise avec une façon de faire plutôt qu'une autre, c'est important de pouvoir y réfléchir avant.

• Vérifiez le coût d'une séance
Le prix des séances est variable, et un prix élevé n'est pas forcément gage d'une plus grande qualité, ne l'oublions pas. Chaque séance peut coûter en moyenne entre 50 et 150 euros. N'oubliez pas, avant de vous étrangler en calculant le tarif sur dix séances, que c'est vraiment une façon de vous faire du bien, à court, moyen et long terme.

BON COACHING !

LE COUP DE POUCE
Ce ne sont pas des échecs, ce sont des expériences

Oscar Wilde disait que "l'expérience, c'est le nom que chacun donne à ses erreurs". Oui… mais non. Sans vouloir offenser ce cher Oscar, pour certaines, les erreurs font partie de l'expérience, mais pour d'autres, notamment celles qui ont le moins confiance en elles, un échec restera un échec, avec son lot d'autoflagellation mentale. Il pourra même devenir une vraie catastrophe !
Comment intégrer que les échecs font partie d'un processus visant à acquérir des expériences qui nous aideront à réussir ? Voici le petit coup de pouce de la semaine.

Finalement, tout serait question d'interprétation. Oui, un échec, ce n'est pas forcément agréable à vivre. Mais ce n'est pas juste une fin en soi, c'est un tournant, un recommencement. Cela peut être un tremplin, même.

C'est difficile à vivre parce que cela nous oblige, selon les situations, à nous remettre en question ou à nous questionner sur notre projet. Est-il bon pour nous ? Ne devrions-nous pas, finalement, passer à autre chose ?

Selon la nature du projet qui nous a tenu en échec, c'est parfois tout un pan de notre vie qu'il faut réussir à analyser, en laissant néanmoins de côté notre douleur… parce que oui, échouer dans une entreprise qui nous tient à cœur et dans laquelle on a mis nos espoirs peut faire très mal.

Par exemple, si vous échouez à un examen pour lequel vous avez passé des heures, des semaines et des mois à apprendre, en prenant du temps sur votre vie familiale et sociale, forcément, viennent les questions : Est-ce que je suis vraiment faite pour ça ? Est-ce qu'en réalité, je ne me fourvoie pas totalement ? Et est-ce que je ne devrais pas complètement laisser tomber ?

C'est là que votre façon de voir l'échec et de le surmonter a une immense importance. Si vous arrivez à ne pas trop prendre à cœur l'échec, à garder de la distance et à analyser les raisons qui vous ont poussée à échouer, vous trouverez la réponse. Choisirez-vous la meilleure option ? On ne sait jamais vraiment, mais y a-t-il seulement UNE bonne décision ?

L'échec sera, quoi qu'il en soit, la possibilité d'apprendre sur vous, sur votre projet, sur ce que vous avez mis en place pour atteindre le but que vous vous étiez fixé.

Vous avez le droit d'être déçue, de vous décourager, un peu. Mais pas de baisser les bras et d'abandonner… parce qu'en réalité, il est là, le véritable échec.

Après Oscar Wilde, voici les paroles de Confucius : "Après une faute, ne pas se corriger, c'est la vraie faute." Tirer les leçons du passé, c'est la manière de transformer les échecs en expérience pour aller plus loin, pour faire mieux, pour se donner de la motivation supplémentaire.

Prenez les échecs pour ce qu'ils sont et accueillez-les avec philosophie. En voilà un bel exercice de vie !

Le témoignage

d'Angélique, youtubeuse sur la chaîne Angie Maman 2.0, 34 ans

Tu es une youtubeuse incontournable, certaines de tes vidéos sont vues plus de deux ou trois millions de fois… Penses-tu que c'est un métier pour lequel il faut avoir déjà une grande confiance en soi ?

L'avantage de YouTube, c'est que c'est un support permettant à tous ceux qui ont un talent, quel qu'il soit, de le partager avec un public. À mon sens, comme cette interface offre la possibilité de s'exprimer dans un cadre intimiste (sa chambre, son salon, etc.), sans le regard direct du spectateur, elle peut aider certaines personnes manquant de confiance en elles à se libérer et à oser franchir le pas pour réaliser un projet qui leur tient à cœur. Ainsi, pour répondre à la question, je ne pense pas qu'il soit nécessaire d'avoir une parfaite confiance en soi pour se lancer sur YouTube puisque c'est aussi un moyen de travailler sa confiance. Ça a par exemple été le cas de la fameuse EnjoyPhoenix qui souffrait de complexes terribles et qui a trouvé ce moyen pour sortir de son mal-être. C'est thérapeutique, comme le théâtre. Donc au contraire, YouTube peut aider des personnes introverties à s'ouvrir et à trouver un terrain d'expression. Mais pour cela, il faut le vouloir et être prête à passer le cap.

De l'extérieur, tu sembles avoir une confiance inébranlable. Est-ce que c'est vrai ? Est-ce que ça a toujours été le cas ?

Cette question m'a fait sourire, car je pense que la confiance ne peut pas être inaltérable puisque personne n'est inébranlable. La vie est faite en dents de scie et je pense qu'il en est de même pour la confiance. On se sentira plus fort à certaines périodes de notre vie en fonction de ce que nous vivons. La confiance en soi absolue n'existe pas ou alors ça s'appelle avoir un ego surdimensionné. Évidemment que non, je n'ai pas une confiance en moi inaltérable. Je doute souvent de moi, je me remets souvent en question et heureusement, car c'est ce qui me permet aussi d'avancer, de progresser. C'est important d'avoir un minimum confiance en soi, mais trop empêcherait d'avoir ce recul sur soi pour évoluer, grandir. Je suis plutôt une personne sensible, qui doute souvent, mais je ne crains pas l'aventure et, malgré mes peurs, je fonce. C'est sans doute ce trait de caractère qui donne l'impression d'une confiance inébranlable, comme une carapace.

À ton avis, est-ce que c'est cette expérience qui t'a donné confiance en toi ? Est-ce que ça a aidé ?

En effet, réaliser ses rêves, réussir dans ce qu'on aime faire donne confiance en soi ! J'ai découvert que mon sens créatif plaisait et pouvait faire du bien à moi-même autant qu'aux autres, alors forcément ça renforce son narcissisme (pas dans le mauvais sens du terme, le narcissisme dans le vocabulaire philosophique ou psychologique est nécessaire à la survie psychique). Cette expérience a été thérapeutique, car au-delà de la confiance, j'étais dans une période de ma vie terrible suite au décès de mon papa, j'étais triste, mal, et c'est déjà à ni que j'ai créé cette chaîne, un peu comme un dernier espoir, sans penser à la notion de confiance. C'est comme si je n'avais presque plus rien à perdre et que ma peur était anesthésiée. C'est ce qui m'a donné une confiance un peu aveugle en ce que je faisais et cela parce que je ne recherchais pas le regard de l'autre, mais simplement à me faire du bien, à aller mieux.

Ressens-tu plus ta confiance en toi dans certains domaines que dans d'autres ?

Évidemment ! Comme tout le monde. J'ai d'autant plus confiance en moi quand il s'agit de domaines que je maîtrise bien à savoir la communication, le marketing, les relations presse, etc. En amour c'est plus difficile, car l'émotionnel est mis en jeu…

As-tu des astuces pour booster sa confiance en soi ?

Cette question est difficile, car je pense que chacun doit trouver une façon qui lui est propre de se sentir bien dans ses baskets et de croire en soi. Moi je fais des projections mentales, j'essaie par exemple d'imaginer la Terre toute petite et de me rendre compte que l'on n'est pas grand-chose là-dedans pour relativiser sur ce qui m'entoure.

La confiance
ne vient pas toujours
par le fait d'avoir raison,
parfois elle vient
de ne pas craindre
d'avoir tort.

—PETER T. MCINTYRE—

LES ASTUCES « confiance en soi » de la semaine

L'astuce de Valérie, 33 ans

"Pour sembler et être plus confiante en moi, je parle lentement. Cela me laisse le temps de réfléchir à ce que je vais dire et ça me pose."

*

L'astuce de Sabine, 24 ans

"Même si c'est compliqué, je m'applique à toujours regarder les gens dans les yeux quand je parle. Cela leur donne confiance en moi."

*

L'astuce d'Hélène, 27 ans

"Je me suis inscrite dans un cours d'improvisation. Les premiers cours, je n'arrivais pas à saisir ma chance pour parler... Maintenant, j'y arrive et ça me rend plus légère au quotidien !"

*

L'astuce de Maude, 43 ans

"Chaque jour, je note mes priorités de la journée. Checker ma liste me donne confiance et me prouve que je peux le faire !"

La TO-DO LISTE de la semaine

- [ ] *Se sourire, chaque matin, devant le miroir (oui, encore et toujours !).*
- [ ] *Remplir le journal de gratitude.*
- [ ] *Faire ses exercices de respiration (voir p. 23).*
- [ ] *Tester votre sociabilité (voir p. 123).*
- [ ] *Exercez-vous à vous exprimer en public (voir p. 125).*
- [ ] *Créer son top 10 des récompenses.*

LE TEST
Êtes-vous sociable ?

Rencontrer de nouvelles personnes vous fait-il peur, ou au contraire, allez-vous facilement vers les gens ? Pour découvrir si vous aimez votre solitude ou si vous préférez être entourée, faites le test !

1. L'endroit où vous rêvez d'être pour une vraie soirée qui fait du bien :

- A Sur le canapé, devant la télé, avec un bon plaid bien chaud. Seule.
- B Avec quelques amis pour un repas bien sympa.
- C Dans une grosse fiesta remplie de gens.

2. Si un génie vous donnait le choix entre ces trois vœux, lequel demanderiez-vous ?

- A De quoi vivre sur une île déserte avec des livres à gogo et des petits repas toujours prêts.
- B Un peu plus de confort dans la vie, pour vous permettre de la sublimer.
- C Un sens de la repartie inouï et de quoi affirmer votre humour ravageur.

3. Des amis déboulent chez vous à l'improviste :

- A Pffff, l'angoisse, vous détestez être importunée sans avoir été prévenue !
- B Vous les prévenez tout de go qu'ils vous prennent au dépourvu, mais qu'ils sont les bienvenus.
- C Vous adorez les surprises et préparez un petit encas avec ce qu'il y a dans le frigo.

4. Une copine vous apprend au téléphone qu'elle vient de se faire larguer.

- A Vous lui conseillez de panser ses plaies à coups de films tristes et de chocolats.
- B Vous lui affirmez que vous pouvez venir si elle le souhaite.
- C Vous convoquez l'escadrille SOS détresse, avec des copines et une grosse soirée en perspective.

5. Le mieux pour une séance de cinéma, c'est :

- A D'y aller seule : vous choisissez la séance, pouvez pleurer si vous le voulez et n'avez pas à partager l'accoudoir.
- B D'y aller avec une copine : vous pouvez pleurer ensemble, partager du pop-corn et analyser le film après.
- C D'y aller en groupe : ok, vous n'êtes pas toujours d'accord sur le film, mais après, vous pouvez continuer la soirée avec un restau ou une sortie !

VOUS AVEZ UN MAX DE A : Vous êtes une vraie solitaire, ou en tout cas vous aspirez à de grands moments de solitude. Vous avez besoin de vos moments rien qu'à vous, mais n'oubliez pas que s'ouvrir au monde vous offre plein de richesses.

VOUS AVEZ UN MAX DE B : Vous aimez voir du monde, mais point trop n'en faut. Si les petits groupes vous suffisent, c'est génial. Néanmoins, ne rejetez pas les nouvelles rencontres d'emblée !

VOUS AVEZ UN MAX DE C : Vous aimez être entourée par un grand groupe d'amis. Vous en avez besoin... ou alors, vous aimeriez bien ! Si c'est le cas, rien n'est impossible !

POUR (SE) COMPRENDRE

En quoi le besoin de perfection peut être un frein en la confiance en soi ?

La perfection, c'est un idéal impossible à atteindre et qui empêche à la confiance en soi de se développer tout à fait. Pourquo ?

• On pense qu'en étant parfaite de la racine des cheveux jusqu'aux bouts des ongles des orteils (parfaitement vernis, of course !), la vie va être plus belle, les gens plus admiratifs, et qu'on n'aura pas à souffrir de reproches de la part des autres... mais surtout de nous-même. Or, on va être jugée par les autres qui se demanderont pourquoi on n'est jamais satisfaite, et qu'on mettra en position d'infériorité sans s'en rendre compte, mais également par nous-même.

• On se dit qu'en étant parfaite, on sera aimée plus facilement. Ce qui est faux. On aime les failles, on apprécie les petits défauts, on ne peut pas vivre en osmose avec une icône de la perfection.

• Le besoin de perfection fait que le «presque parfait» nous rend malheureux. Quoi qu'on fasse, il restera des choses imparfaites. Notre sourire ne sera pas assez éclatant, notre gâteau au chocolat pas toujours bien démoulé, notre rendez-vous professionnel pas assez bien préparé...

• Le perfectionnisme est un leurre dans lequel on reste prostrée, parce que ce ne sera jamais ni le meilleur moment, ni la meilleure façon de le vivre.

• En voulant être parfaite à tout prix, on s'enferme dans une prison dorée, dans laquelle on ne se permet pas d'être nous-même. Rire fort, avoir de la salade entre les dents ou arriver en retard ? Tout devient source de négativité.

• En cherchant à tout prix la perfection, on n'ose plus rien faire, puisque rien ne sera jamais à la hauteur de nos exigences. Quoi qu'on fasse, on portera le regard le plus cassant sur nous : le nôtre.

• En imaginant que les autres sont parfaits, on se fait du mal, et on cherche à devenir quelqu'un d'autre plutôt que la belle personne qu'on est déjà.

• Le perfectionnisme est terrible pour la confiance en soi, parce qu'on est à tous les coups malheureuse, et jamais satisfaite de ce que l'on a. Le perfectionnisme est accompagné systématiquement d'une culpabilité qui nous ronge et dévore notre énergie.

Mais en réalité :
Les autres n'aiment pas les gens trop lisses, sans défauts, sans failles. Personne n'échappe à la case échec avant de rebondir, personne n'a une vie de rêve. Non, pas même Beyoncé !

Jim Carrey a dit : «J'aimerais que tout le monde puisse devenir riche et célèbre et avoir tout ce dont il rêve de sorte que tous comprennent que ce n'est pas la réponse.» Non, ça ne l'est pas. Seriez-vous plus heureuse en étant au summum de la perfection ? Ou vous créeriez-vous de nouvelles exigences ?

On peut tout faire pour devenir meilleure, et nous féliciter de nos efforts, de nos résultats. Mais la perfection, c'est un leurre qu'on n'atteint pas.

EXERCICE PRATIQUE
S'exprimer en public !

Aïe ! Et oui, il fallait bien y venir… C'est qu'on est déjà à la moitié du dernier mois, et qu'on n'est pas là pour enfiler des perles, on est bien d'accord ? (Enfin, si vous avez envie d'enfiler des perles, ne vous gênez surtout pas, mais d'abord, on va faire quelques petits exercices pratiques !)

Voici venu le temps de parler en public ! Bon, rassurez-vous, on ne va pas vous jeter en plein cœur du Stade de France pour vous laisser vous présenter devant 80 000 spectateurs; on va y aller tout doucement ! Tout d'abord, définissons ce que « parler en public » signifie. Cela peut aller de 2 à 800 personnes. Peut-être que vous n'êtes pas à l'aise dès qu'il y a plus d'un interlocuteur en face de vous, et que vous perdez tout discernement dès lors que vous devez donner un avis, poser une question, ou répondre à quelqu'un. Mains moites, souffle court, joues rouges… est-ce votre timidité qui vous fait perdre toute confiance ou votre manque de confiance qui vous rend timide ? Là encore, c'est le chien qui se mord la queue.
Réfléchissez à ce qui vous angoisse le plus quand vous devez parler en public : perdre vos moyens, dire une bêtise, être jugée ou être totalement paralysée ?

BON. Voici maintenant quelques petits exercices qui pourront vous aider, ensuite, à parler devant un groupe :

Exercice 1 : Prenez un texte, et lisez-le à voix haute. En articulant bien, en prenant votre temps, en faisant des pauses pour respirer. Recommencez, régulièrement. Changez d'intonation, mettez-y des sourires, du mélodramatique, du désespoir… amusez-vous !
Exercice 2 : Amusez-vous à faire des exercices de diction, type « les chaussettes de l'archiduchesse sont-elles sèches ou archi-sèches ? ».
On est encore dans le domaine du possible, là, non ?
Exercice 3 : Parlez-vous dans le miroir. Comme si vous étiez en train de parler à quelqu'un « d'important ».
Exercice 4 : Filmez-vous, avec votre téléphone, en mode selfie. Vous pouvez même vous mettre en vidéo sur Snapchat si vous en avez envie et que ça ne vous semble pas trop compliqué. Repassez-vous la vidéo, notez si vous vous trouvez à l'aise ou non.
Exercice 5 : Là, attention, cela va devenir plus compliqué ! Si vous en avez la possibilité, posez une question en réunion cette semaine. Cela peut être une réunion de travail, ou la réunion de préparation à la classe de neige de votre aînée, ou encore la réunion de copropriété. Si vraiment, vous n'avez rien de tout ça, entrez à la boulangerie en pleine heure d'affluence et hésitez quelques minutes sur les différentes sortes de gâteaux en demandant à quoi ils sont. Oui, tant pis si les autres patientent derrière vous. Prenez votre temps !

VOILÀ. Vous l'avez fait ? Si oui, un immense bravo. Si non, cela viendra, ne vous inquiétez pas !
Ces exercices n'empêcheront peut-être pas la gorge sèche, les mains moites et les joues rougissantes… mais dites-vous qu'avec un peu de préparation, vous pouvez le faire.

Le top 10 des récompenses !

Oui, cela peut sembler étrange de prime abord, mais rappelez-vous : en semaine quatre du deuxième mois, on parlait de célébrer les petites et les grandes victoires. Et comme c'est essentiel de s'autocongratuler, autant le faire au mieux ! Voici donc une liste de dix récompenses au top qui vous aideront à gagner en confiance en vous !

1. Une séance de coaching, de sophrologie ou de méditation avec un professionnel, ce qui, avouons-le, joint l'utile à l'agréable !

*

2. Un massage ou un sauna-hammam, pour ressentir un vrai bien-être...

*

3. Une séance de relooking pour la confiance en soi.

*

4. Un cours pour tester quelque chose de nouveau : poledance, burlesque, cours de hulahoop... à faire avec les copines, c'est encore mieux !

*

5. Une soirée karaoké pour vous prouver que vous pouvez chanter devant un public !

6. Un bijou porte-bonheur, qui agira comme un gri-gri lorsque vous en aurez besoin.

*

7. Une bonne paire de baskets pour vous (re)mettre au sport et vous faire du bien au corps et au moral.

*

8. Un bon restau entre amoureux, entre copines, en famille, pour annoncer que vous avez réussi quelque chose.

*

9. Un week-end pour souffler, se reposer, méditer.

*

10. Un atelier d'écriture pour pouvoir apprendre à écrire vos échecs et les analyser, mais aussi vos réussites.

Voici quelques idées qui peuvent vous aider dans votre reconstruction de confiance en vous, mais si vous en avez d'autres qui vous plairaient bien mieux, n'hésitez pas à les noter sur votre propre top 10 :

. . . .

. . . .

. . . .

. . . .

. . . .

. . . .

Focus
La sophrologie

Entretien avec Laurène Guy-Clavier, sophrologue à Saint-Maur-des-Fossés (94).

En quelques mots, la sophrologie, c'est quoi ?
La sophrologie est une méthode dite « psychocorporelle », c'est-à-dire qu'on agit aussi bien sur le corps que sur le mental pour arriver à trouver (ou retrouver) un état de bien-être et activer son potentiel. Pour cela, on travaille sur des techniques de relaxation, de respiration ainsi que d'imagerie mentale qui sont adaptées aux objectifs de chacun et facilement réutilisables dans le quotidien.

En quoi la sophrologie peut-elle aider à acquérir plus de confiance en soi ?
Tout d'abord, je dirais que la sophrologie nous aide dans la prise de confiance en soi, car dans ce cas, on a tendance à voir au travers d'un filtre très négatif. Les exercices nous aident alors à prendre du recul et de ce fait, à retrouver plus d'objectivité, de lucidité et de bienveillance envers nous-même.
En pratique, on dépasse des expériences négatives liées à la timidité, à l'image du corps ou encore au doute sur ses capacités et on crée ensuite, on développe une dynamique positive, exactement comme on peut le faire pour préparer mentalement un sportif.

Comment se déroule une séance « classique » ? Est-ce que les codes créés par Alfonso Caycedo, l'inventeur de la sophrologie, permettent une vraie liberté à chaque sophrologue ?
En règle générale, une séance dure environ une heure. Pour ma part, je consacre dix à quinze minutes pour l'accueil où l'on échange sur l'état général de la personne (si on est en individuel, bien sûr), l'évolution par rapport aux séances précédentes et on expose les objectifs du jour et les exercices qui vont être proposés. Ensuite, vient le corps de la séance avec l'enchaînement et la pratique de divers exercices que je choisis, toujours en fonction des objectifs de chacun (en général deux à trois séquences d'exercices par séance). On termine par un petit « debrief » pour recueillir le vécu du sophronisé, puis je donne les conseils pour pouvoir retravailler à la maison en autonomie et ainsi augmenter l'efficacité des exercices.
Les codes créés par Alfonso Caycedo sont bien sûr un socle commun que chaque sophrologue fait évoluer en fonction de sa formation professionnelle, mais surtout de sa personnalité. Je pense que le plus important pour un sophrologue est la capacité d'adaptation face aux objectifs, aux problématiques et à la personnalité des personnes qui viennent nous voir. Impossible pour moi de faire des « copier-coller » de protocoles, même si deux personnes viennent *a priori* pour une même demande !

Quelle va être la différence entre un atelier de sophrologie et une séance individuelle ?
Les séances individuelles sont très personnalisées. Lors du premier rendez-vous, le ou la sophrologue procède à l'anamnèse qui est en quelque sorte un recueil d'informations sur la personne nous servant

ensuite à construire l'accompagnement le plus adapté à ses attentes et besoins. Les ateliers collectifs vont rester plus généralistes. Vous y apprendrez les techniques de base de la sophro et certains outils qui pourront vous servir dans la vie de tous les jours.
En bref, si vous souhaitez simplement améliorer votre état de bien-être, abaisser votre niveau de stress quotidien, les séances collectives peuvent vous convenir. Par contre, si vous avez une problématique bien particulière, plus personnelle, telle que la confiance en soi, alors je vous recommande fortement un suivi individuel.

Auriez-vous un ou plusieurs petits exercices de sophrologie à faire seule à la maison pour développer sa confiance en soi ?

1. L'exercice des éventails pour chasser les doutes :
– Debout, jambes écartées à la largeur du bassin, se relâcher au maximum en adoptant une respiration calme et fermer les yeux.
– Inspirer par le nez et lever les bras tendus à l'horizontale.
– Retenir sa respiration quelques secondes.
– Souffler longuement par la bouche et secouer les mains énergiquement (coudes légèrement fléchis) comme si on voulait se débarrasser d'un papier collant au bout des doigts.
Sur cette partie de l'exercice, avoir l'intention de se débarrasser des doutes, des peurs qu'ont pu engendrer le manque de confiance en soi : on visualise qu'on les évacue par le bout des doigts.
– À la fin de l'expiration, les bras sont le long du corps.
– Retrouver une respiration normale et apprécier les sensations physiques de détente.
– Réaliser l'exercice trois fois d'affilée et en augmentant à chaque fois l'intensité de l'intention de chasser les doutes et les peurs.

2. La visualisation d'un souvenir pour stimuler la confiance en soi :
– S'installer confortablement, assise ou allongée, se relâcher au maximum et adopter une respiration calme.
– Se remémorer un souvenir précis de sa vie où l'on a été particulièrement confiante, où l'on a eu la capacité de s'affirmer :
• Revivre la situation, le contexte.
• Visualiser la scène en tant que spectatrice, se visualiser soi-même et prendre conscience de notre attitude, posture, façon de parler lorsqu'on se sent confiante.
• Puis vivre le souvenir de l'intérieur et prendre conscience des sensations physiques, des émotions que l'on perçoit lorsqu'on se sent consciente.
• Ancrer ces sensations, ce sentiment de confiance en soi dans le présent.

Avez-vous un récit d'expérience, une anecdote à raconter sur un patient qui a repris confiance grâce à la sophrologie ?

Je pense que je n'ai pas de meilleur exemple que moi-même. ;)
Plus jeune, je doutais constamment sur mes capacités à réussir, que ce soit dans mes études, dans le sport que je pratiquais de manière intensive, ou même dans ma capacité à devenir maman...
La sophrologie m'a permis de me détendre, d'être plus calme et de prendre du recul sur les événements, de les analyser avec plus de discernement. Elle m'a surtout permis d'être moins dure envers moi-même. En quelque sorte, j'ai appris à être bienveillante, à reconnaître mes qualités, mes points forts, à pouvoir être fière de moi. Et puis, au quotidien, je travaille essentiellement sur la préparation mentale des sportifs de haut niveau et la confiance en soi est un sujet clé dans mon travail !

Site web : www.lc-sophro.fr
Page Facebook : Laurène Clavier Sophrologue

LE COUP DE POUCE
Fait, c'est mieux que parfait

Comme on l'a vu en début de semaine, la recherche systématique de la perfection, c'est usant... et surtout, ça ne fait que miner notre moral et descendre en flèche notre confiance en soi. Pour vous aider à assimiler que nobody is perfect et que la perfection, c'est du fake, voici un petit mantra à se rappeler : ce qui est fait est fait. Donc fait, c'est mieux que parfait.
Et pour "parfaire" ce joli discours, voici quelques exemples :

• Foncer sans être sûre qu'on va y arriver, c'est mieux que d'attendre indéfiniment de se sentir prête.

• Un item de checké sur la longue to-do liste du jour, c'est mieux que rien du tout (ce qui est fait n'est plus à faire !).

• Se planter, c'est mieux que de n'avoir pas essayé parce que cela semblait compliqué.

• Arriver en retard, c'est mieux que de ne pas arriver du tout, ou que d'arriver à l'heure, mais avec le souffle court et les auréoles sous les bras.

• Un tiens vaut mieux que deux tu l'auras (pardon, j'avais très envie de placer cette expression et cela me semblait l'endroit PARFAIT !).

• Une petite histoire du soir lue rapidement, c'est mieux qu'un « je t'en lirais une demain » (surtout qu'on aura la même excuse le lendemain).

• Un défi à moitié réussi, c'est mieux qu'un défi pas tenté.

• Un repas à moitié équilibré, c'est mieux qu'un fast-food qu'on va chercher.

• Un fast-food à emporter, c'est mieux que de courir partout et de cramer le dîner.

• Un week-end à la plage par temps de pluie, c'est moins bien qu'une semaine aux Seychelles, mais c'est bien mieux qu'un week-end à la maison à ressasser des idées noires.

• Une soirée pizzas-bières à la maison avec des copains, c'est mieux qu'un restau hyper classe qu'on ne fera jamais faute de moyens.

En gros, POSITIVONS, et apprécions nos imperfections !

À VOUS DE NOTER LA LISTE DE CE QUE VOUS AVEZ FAIT, MÊME SI CE N'ÉTAIT PAS PARFAIT !

Le témoignage

de Virginie Grimaldi, écrivain

Tu es écrivain, auteur de best-sellers qui font du bien au cœur et à l'âme. Faut-il avoir une grande confiance en soi pour se lancer dans le monde de l'édition ?

D'abord, merci pour cette jolie présentation de mes livres. Pour te répondre, je crois que c'est le manque de confiance en soi qui nous pousse à nous confronter à l'avis de professionnels, mais qu'il en faut toutefois un minimum pour ne pas se décourager au premier refus. Il y a une quinzaine d'années, j'ai envoyé un manuscrit à huit maisons d'édition. J'ai reçu huit lettres de refus, dont certaines personnalisées et encourageantes, mais qui m'ont amenée à la conclusion que je n'avais pas le talent nécessaire pour être publiée. J'ai donc rangé mon rêve aux oubliettes, et c'est la confiance que les autres avaient en moi qui m'a encouragée à proposer un deuxième manuscrit, des années plus tard. Je n'y croyais tellement pas que je ne l'ai même pas imprimé pour l'envoyer par la poste, persuadée que c'était du temps et de l'argent perdu. J'ai cherché les éditeurs qui acceptaient les manuscrits par mail, j'en ai trouvé un, je le lui ai envoyé. Deux jours plus tard, il me rappelait. Sans cette confiance procurée par mon entourage, je n'aurais jamais réouvert la porte des oubliettes. Je serais passée à côté de mon rêve.

Tu as souffert du syndrome de l'imposteur, t'en es-tu débarassé, et si oui, comment ?

Il y a quelque temps, j'aurais répondu "Malheureusement, je ne m'en suis pas débarrassé". Aujourd'hui, je réponds "Heureusement, je ne m'en suis pas débarrassé".

J'ai un regard très critique sur ce que j'écris, je suis souvent tentée de tout effacer, il n'est pas rare que j'appelle mon éditrice ou mes amies en pleurant que c'est nul, que tout le monde va réaliser que je ne sais pas écrire. Les messages magnifiques de lecteurs que je reçois chaque jour n'y changent rien. Et tant mieux. J'ai fait de ce syndrome mon allié. C'est souvent lourd de vivre face à un miroir déformant qui nous renvoie une image négative, mais c'est aussi ce qui nous pousse à faire les choses à fond, à donner le meilleur. Et, surtout, si je trouvais normal tout ce qui m'arrive, je me priverais de cet émerveillement qui rend les choses tellement plus jolies.

Est-ce que le fait d'écrire des romans te donne confiance en toi ? Ou les retours si positifs des gens ?

Je n'irais pas jusque-là. Cependant, je commence à accepter le fait que ce sont peut-être les lecteurs qui ont raison, et pas moi. Peut-être que, vraiment, ma plume peut percuter. Peut-être que, vraiment, mes histoires peuvent toucher. Peut-être que, vraiment, mes livres peuvent avoir un impact que je n'imagine pas en les écrivant.

Lorsque mon mari était le seul à me le dire, je ne le croyais pas. Cet homme a une idée derrière la tête, c'est évident. Mais, à la réflexion, je ne suis pas sûre que les centaines de personnes qui m'écrivent chaque mois veulent coucher avec moi.

As-tu des astuces pour booster sa confiance en soi ?

J'ai longtemps réfléchi à ma réponse à cette question. Je suis loin d'avoir confiance en moi, donc pas la mieux placée pour donner un conseil. Pourtant, je vais en donner un : j'ai remarqué que je me sens bien plus à l'aise quand je m'autorise à être moi.

Par exemple, lors des premières rencontres avec les lecteurs, j'étais pétrifiée. Ils allaient me trouver cruche, grosse, mal fagotée. Je portais des robes que je n'aimais pas, mais qui faisaient "classe", je parlais avec un filtre. Je n'étais pas moi-même, et je n'étais pas à l'aise. Jusqu'au jour où j'ai commencé à me détendre. J'ai remplacé les robes par les jean, j'ai balancé quelques blagues quand elles venaient, et je me suis sentie mieux. Si les gens ne m'appréciaient pas, je n'y pouvais rien, parce que c'était moi.

Peux-tu me donner ta définition de la confiance en soi ?

Avoir confiance en soi, c'est se passer de l'avis des autres.

Le tout est de trouver le juste milieu entre l'excès et le manque de confiance en soi. C'est ce que j'essaie d'inculquer à mon fils.

L'expérience est le nom que chacun donne à ses erreurs.

—OSCAR WILDE—

LES ASTUCES « confiance en soi » de la semaine

L'astuce de Stéphanie, 34 ans

"Mon manque de confiance venant de mon niveau d'études, je me cultive au maximum : émissions, livres, blogs… Je comble mes lacunes avec une nouvelle culture générale qui m'aide à me sentir à l'aise en groupe !"

*

L'astuce d'Érica, 28 ans

"Je fonce tête baissée, en me disant que je verrai bien après."

*

L'astuce de Nadine, 35 ans

"Je me suis mise au yoga."

*

L'astuce de Julie, 29 ans

"Je pratique la course à pied et ça m aide à trouver un peu d équilibre."

La TO-DO LISTE de la semaine

- [ ] *Se sourire, chaque matin, devant le miroir. (Oui, encore et toujours !)*
- [ ] *Remplir le journal de gratitude.*
- [ ] *Faire ses exercices de respiration (voir p. 23).*
- [ ] *Déterminer sa gentillesse (voir p. 134).*
- [ ] *Créer une boîte à fiertés (voir p. 137).*

LE TEST
Quelle gentille êtes-vous ?

Rendre service, ça vous fait plaisir. Mais on l'a déjà vu : vouloir plaire à tout prix, c'est oublier de s'affirmer... Attention à ne pas passer dans la catégorie des "trop bon, trop con". Quelle gentille êtes-vous ?

1. Il est 4 heures du mat et une copine vous appelle pour que vous veniez la voir, parce qu'elle n'a pas le moral :

- **A** Vous ne vous posez pas de questions et foncez.
- **B** Vous lui dites qu'elle est reloue, et foncez.
- **C** Vous lui promettez que vous venez demain, à la première heure.

2. Votre collègue Hector vous a emprunté de l'argent parce qu'il était vraiment en galère. Sauf que ça fait six mois, que vous le voyez partir en week-end et manger au restau et qu'il ne parle toujours pas de vous rembourser...

- **A** Chaque chose en son temps, vous préférez attendre encore un peu, c'est toujours gênant de réclamer.
- **B** Vous laissez entendre à la pause café que vous avez quelques soucis financiers, il va comprendre, non ?
- **C** Vous le chopez en lui demandant s'il n'a pas oublié qu'il vous doit des sous, ce qui est impossible dans la mesure où ça fait déjà trois fois que vous lui rappelez. Les bons comptes font les bons collègues. Il a intérêt à se magner.

3. C'est bientôt l'anniversaire d'une des filles de votre groupe de copains :

- **A** Vous avez été désignée volontaire d'office pour acheter le cadeau commun... comme d'habitude. Vous devez avoir du goût.
- **B** Vous vous êtes désignée pour vous occuper du cadeau, au moins, vous êtes sûre qu'il sera bien.
- **C** Vous participez en signalant que vous n'avez vraiment, vraiment pas le temps de vous occuper de trouver le cadeau.

4. Vous êtes dans le métro, absolument crevée par votre journée et chargée comme une mule de dossiers à finir, et bingo, vous trouvez une place assise... Sauf que monte un papi qui a l'air d'avoir 216 ans au bas mot :

- **A** Vous l'apostrophez immédiatement en vous levant pour lui laisser la place.
- **B** Vous attendez quelques minutes pour voir si le jeune cravaté fringuant va lui laisser sa place... mais bon, comme il ne bouge pas, vous finissez par vous lever.
- **C** Vous demandez au jeune cravaté fringuant s'il ne veut pas laisser sa place au vieux monsieur. Nan mais oh !

5. Les gens qui grugent dans les files d'attente des parcs d'attractions :

Ⓐ C'est de bonne guerre, si vous osiez, parfois, vous le feriez aussi !

Ⓑ C'est relou. Vous restez toujours bien au milieu de la file d'attente pour ne pas vous faire dépasser.

Ⓒ Cela vous rend hargneuse, vous pourriez péter un câble !

VOUS AVEZ UN MAX DE Ⓐ : Les autres disent que vous êtes vraiment trooooop sympa. Vous, vous vous demandez si vous ne vous faites pas un peu pigeonner parfois, si vous n'êtes pas le dindon de la farce en permanence... Parce que, si vous êtes toujours là pour arranger tout le monde, il est où, tout le monde, quand VOUS, vous avez besoin ? Souvent, vous vous dites « Pfffff, trop bon, trop con... on ne m'y reprendra plus... ». Ce serait bien que ça rentre dans votre tête maintenant, et que vous arrêtiez de vous laisser faire. Vous réussissez à être gentille avec les autres, soyez-le avec vous aussi !

VOUS AVEZ UN MAX DE Ⓑ : Les autres disent de vous que vous êtes sympa. Et cela vous fait plaisir, parce que c'est tout à fait vrai. Néanmoins, vous faites bien attention à ce qu'on ne vous piétine pas non plus. Respecter les autres, c'est bien, mais si et seulement si vous vous respectez vous-même. Et dans ce domaine, vous pensez avoir atteint un bon équilibre.

VOUS AVEZ UN MAX DE Ⓒ : Les autres disent de vous que vous pouvez être sympa... mais que vous avez quand même tendance à être un peu égoïste ! En réalité, vous prenez tellement soin de ne pas être prise pour le pigeon, que parfois, vous montrez les crocs avant même qu'on vous ait dit quoi que ce soit. Se protéger, c'est bien, mais n'en faites pas trop non plus !

POUR (SE) COMPRENDRE

Devenez votre meilleure amie

La bienveillance, l'empathie, la compassion... ce sont très certainement des qualités qui vous caractérisent. Mais les utilisez-vous pour VOUS, ou seulement pour les autres ?

Prenez le temps de penser à la façon dont vous parlez de vous-même. Oseriez-vous parler comme cela de votre meilleure amie ? Je ne pense pas, non !

Imaginez que vous êtes cette meilleure amie que vous aimez comme une sœur. Vous êtes toujours prête à relativiser ses erreurs et à souligner ses réussites. Vous êtes toujours présente pour la rassurer d'un «Tu as fait de ton mieux, ce n'est pas grave», ou la féliciter d'un «Bravo, c'est extra ce que tu as réussi à faire, quel talent !». Et si vous deveniez cette autre que vous savez consoler ou congratuler ?

Si cette meilleure amie, c'était vous ?

Soyez bienveillante avec vous-même, cette amie qui vous veut du bien.
La bienveillance vous permettra de minimiser vos échecs et d'applaudir vos succès, comme vous le feriez pour une amie. Si vous pensez avoir encore des difficultés par rapport à la bienveillance envers vous-même (même si je suis persuadée que vous avez bien évolué ces trois derniers mois !), il est essentiel de vite vous recentrer.

Oui, vous avez certainement tout un tas de choses à faire sur votre to-do liste et, bien évidemment, tout ou quasi tout est en top priorité... sans compter les bonus que vos proches ou les aléas de la vie rajoutent. Vous avez l'impression, parfois, de nager en plein océan et que la plage n'arrive jamais malgré votre acharnement.

Dites-vous «tant pis», que vous êtes plus importante qu'une séance de repassage. Cherchez à tout prix à prendre ce temps qui vous est nécessaire pour pouvoir vous recentrer, pour vous occuper de vous. Comme vous le feriez si une amie vous appelait à l'aide.

Ne sabordez pas cette amie qui vous veut du bien.
Oseriez-vous dire à une amie, prête à s'engager sur un projet, qu'elle est tellement nulle que ce n'est même pas la peine qu'elle essaie ? (Si vous répondez oui, je m'étouffe !)
La réponse est non, j'en mets ma main au feu.

Alors pourquoi être si méchante envers vous-même ? Aidez-vous. Pourquoi ne pas vous parlez à vous-même comme vous le feriez à cette bonne amie ? Pourquoi ne pas vous écrire des petits mots encourageants ?

Pensez à imaginer que vous êtes votre meilleure amie, aussi souvent que possible. Cela remet les choses sur les rails.

AIMEZ-VOUS. VOUS LE MÉRITEZ.

EXERCICE PRATIQUE
La boîte à fiertés

Depuis le début de la lecture de ce guide, vous avez déjà fait énormément d'efforts, de progrès, et vous avez enchaîné de nombreuses réussites. Il est temps de regarder derrière vous pour admirer le chemin parcouru et les résultats. Mais pas n'importe comment. Parce qu'il faut garder une trace de tous ces jolis moments pour pouvoir les ressortir à loisir, vous allez créer une boîte à fiertés.

Genèse de la boîte à souvenirs

Il faut quand même que je vous raconte. L'autre jour, mon fil est revenu de l'école avec une «boîte à secrets». Bon, c'est une toute petite boîte à camembert tellement couverte de peinture et de paillettes qu'il faut une force herculéenne pour réussir à l'ouvrir, mais elle a le mérite d'exister, et de le rendre immensément fier de lui : «C'est moi qui l'ai fabriquée, tout seul !» Il s'est précipité dans sa chambre pour y mettre des objets. Curieuse, je lui ai demandé ce qui était dedans. Il y avait une dent de dinosaure, «parce que c'est ce que j'ai reçu la première fois que j'ai écrit une lettre tout seul», et un bracelet en laine «le premier que j'ai créé sans demander de l'aide à ma sœur». Il y a ensuite ajouté sa première dent de lait «parce que j'ai pas eu peur de la perdre», et une pièce de monnaie offerte par son grand-père parce qu'il l'avait aidé à faire du jardinage. Autant de fiertés qui, si elles ne boostent pas sa confiance en lui (il n'en a vraiment pas besoin !), lui rappellent qu'il devient grand. J'ai trouvé cette idée vraiment intéressante… et du coup, là voilà ici. Alors, c'est parti !

On fait comment ?

N'ayez pas peur de ne pas pouvoir la remplir, pensez grand, prenez une grande boîte. Réfléchissez à ce que vous voulez mettre dedans : cela peut être une photo de ce jour où vous vous êtes trouvée belle, l'impression d'un mail de votre chef qui vous félicite pour un projet réussi, un dessin de vous fait par votre enfant avec un sourire lumineux, une feuille d'arbre ramassée lors d'une promenade que vous avez réussi à gérer seule, ou encore le pantalon en taille 46 que vous ne mettez plus. Avec chacun de ces objets, vous allez ajouter une petite note, vous rappelant pourquoi vous vous êtes lancée dans ce projet, ce que cela vous a apporté en bien-être et en confiance.

À quoi ça va servir ?

Cela va vous permettre de trouver des symboles de vos réussites, de vous souvenir de ces moments de fierté. Pour commencer, essayez d'y mettre au moins cinq objets. Puis, au fur et à mesure, vous pourrez, si l'idée vous plaît, continuer à en ajouter régulièrement.

Vous pouvez garder cette boîte secrète (avec de la colle et des paillettes, c'est donc plus difficile à ouvrir !) ou au contraire, la montrer pour partager vos victoires. N'hésitez pas, si vous êtes maman, à en créer aussi une pour vos enfants, il n'est jamais trop tôt pour cultiver la confiance en soi !

Le top 10 des mantras à se répéter

Nos pensées définissent notre état d'esprit. Plus on y met de positif, et plus on sera d'attaque pour avoir confiance en nous et tout déchirer (oui, même nos collants avant un entretien important, mais tant pis, c'est la vie !). Pour vous y aider, en plus des citations que vous avez pu lire en chaque début de semaine, voici dix mantras à se rappeler, répéter, noter régulièrement pour renforcer votre état d'esprit.
Vous pouvez aussi vous créer le top 10 des mantras qui VOUS font du bien et qui vous permettent d'avancer et d'évoluer !

1. C'est moi qui décide de mon avenir et de mon bonheur.

2. Aujourd'hui, c'est un nouveau jour, et il va être beau !

3. Une erreur n'est pas la fin du monde, mais le début d'une prochaine réussite.

4. La perfection n'existe pas. Moi, si.

5. Je mérite d'y arriver, je m'en donne les moyens.

6. Si je fais ce que j'ai à faire comme je dois le faire, j'ai déjà réussi.

7. Je suis fière de moi.

8. Je suis unique.

9. J'ai le droit d'être en colère, triste ou heureuse. J'ai le droit d'être moi, entièrement.

10. L'échec est une étape sur la route du succès.

Et vous, quels mantras choisissez-vous ?

Focus sur une méthode alternative Le reiki et les fleurs de Bach

Delphine, qui est par ailleurs professeur de théâtre (vous avez pu lire ce qu'elle en disait *p. 69 !)* *est également praticienne reiki et conseillère en fleurs de Bach. (Oui, Delphine a 12 vies !) Voici quelques explications sur ces deux pratiques ainsi que son témoignage.*

Le reiki, quèsaco ?
Le reiki est une pratique thérapeutique de développement personnel et de soins énergétiques d'origine japonaise qui apporte bien-être et harmonie en prenant en compte la globalité de l'être humain.

Comment se déroule une séance ?
Chaque séance commence par un entretien pour que le praticien puisse comprendre les raisons qui vous motivent et qu'il puisse choisir les techniques à utiliser en conséquence. Le reiki se pratique par imposition des mains, directement sur le corps ou à distance. Le praticien canalise l'énergie et la transmet par les mains au corps qui l'absorbe. Si certaines séances commencent debout ou assis, la suite se fait allongé, sans enlever ses vêtements.

Et les fleurs de Bach, ça sert à quoi ?
Ce sont des macérations alcooliques de plantes aux vertus thérapeutiques qui offrent la possibilité de cibler les émotions qui vous freinent dans la vie. Le conseiller définit avec vous quelles fleurs de Bach pourraient vous accompagner vers un mieux-être.

Pourquoi un entretien individuel ?
Lors d'un entretien, le conseiller pose des questions pour aider à faire verbaliser les émotions du moment. À l'issue de cet entretien, et avec le conseiller, vous créez votre flacon de fleurs de Bach, celui qui correspond à votre problématique et aux sentiments positifs que vous souhaitez développer.

Voilà ce que Delphine dit de la confiance en soi :
Les difficultés de confiance en soi prennent la plupart du temps leurs racines dans des traumatismes anciens, des schémas éducatifs déstabilisants, une relation parents/enfants défaillante… Beaucoup sont des personnes qui souffrent de ne pas avoir été soutenues, aimées dès le plus jeune âge. Cela génère énormément de souffrance.
Cela peut se répercuter à différents niveaux dans la vie des personnes : dans le travail, dans leur couple, etc. Les deux méthodes nécessitent des entretiens approfondis où je laisse la personne verbaliser ce qui la bloque, l'empêche d'avancer, en l'aidant par un questionnement précis. Le but est de reconnecter la personne à ce qu'elle est profondément et à s'aimer telle qu'elle est. Mon regard est aussi important. Chacun est le miroir de l'autre. Si les personnes se sentent en confiance, et comprennent qu'en face d'elles la personne n'est pas là pour les juger, mais pour les aider à aller mieux, il y a une partie du travail qui s'effectue naturellement.
Arriver à s'aimer, à s'apprécier avec ses défauts, ses qualités, se débarrasser de schémas et de croyances sur soi et surtout, se pardonner, sont des clés libératrices pour oser enfin être et devenir ce que l'on est.

Vous pouvez découvrir son site ici :
https://delphinenolin.wixsite.com/cabinetsoinsreiki60

LE COUP DE POUCE
Oui, on peut être heureuse sans être confiante !

Je sais, ce titre peut résonner comme totalement incongru en plein milieu d'un guide qui veut vous motiver à prendre confiance en vous. Mais c'était nécessaire de le préciser : si avoir confiance en soi est un vrai moteur au quotidien, on peut manquer de confiance, mais réussir sa vie, être heureuse, et ne pas en être handicapée. Non, ce n'est pas une révélation ni le moment de fermer ce livre et de le laisser traîner à côté du siège des toilettes. Mais voilà pourquoi le manque de confiance peut également vous aider :

• Vivre dans un monde où chaque individu aurait une **absolue confiance en lui** serait très certainement d'un ennui mortel.

• **Il est nécessaire d'avoir des moments de doute** et de remise en question pour pouvoir avancer et se dépasser.

• Les personnes qui ont une confiance aveugle en elles-mêmes sont souvent **arrogantes, hautaines, et de fait, regardent facilement les autres de haut.** On a alors qu'une envie : s'éloigner de celles qui semblent toujours vouloir jouer à « Qui a la plus grosse... C'est moi ! ».

• **Avoir un excès de confiance** fausse le jugement en nos capacités.

• **Vouloir impressionner** à tout prix doit forcément cacher certaines faiblesses : ce serait alors plutôt du *fake*.

• Quand on manque de confiance, on est plus facilement **dans l'empathie.**

• **Un ego surdimensionné** ne nous permet pas de réfléchir à nos faits et gestes.

• **Être trop confiante** peut nous jouer des tours, parce qu'on va se lancer sans crainte du risque... et que la chute peut faire d'autant plus mal.

Tous ces points ne vous concernent certainement pas, sinon, bien évidemment, vous ne seriez pas en train de lire ces pages (à part si vous faites partie de ma famille et que vous avez acheté ce guide pour me faire plaisir, en ce cas, merci, bisous). Néanmoins, il faut en retenir une chose : manque de confiance, excès de confiance... Chacune a ses failles et chacun doit avancer, se remettre en cause et évoluer. L'essentiel étant d'être heureuse !

Le témoignage

de Delphine, 44 ans, comédienne

Tu es comédienne et metteure en scène. Penses-tu que ce sont des métiers pour lesquels il faut avoir déjà une grande confiance en soi ? Pourquoi ?

C'est une question complexe. On ne peut pas dire qu'une grande confiance en soi conduit à ces métiers, mais avec du recul, je dirais qu'il faut en avoir une bonne dose pour continuer à vouloir en vivre et faire connaître son travail. C'est paradoxal. Pour être comédienne, on pourrait penser qu'il faille avoir une certaine assurance avec son physique, avec soi tout simplement, etc. Mais ce n'est pas souvent le cas. En fait, je pense que ce sont des pulsions audacieuses, un désir fou de faire ce métier, qui sont les plus grands moteurs. La mise en scène, c'est différent. On est moins exposée physiquement, on est en coulisses et surtout, et ce n'est que ma vision, on devient celui qui va accompagner et aider les comédiens à révéler ce qu'ils ont de meilleur au milieu d'un univers que l'on crée. On est là pour donner confiance, les autres comptent sur nous, on n'a pas le droit de ne pas y croire.

De l'extérieur, tu donnes l'impression d'une grande confiance. Est-ce réel ?

Je ne suis pas du tout quelqu'un de sûr de soi. Je donne peut-être cette image parce que j'aime ce que je fais, je le maîtrise par l'expérience et j'adore partager avec les autres. Je remets souvent ce que je fais en question. J'ai des gros moments de doute. Mais j'ai peut-être une dose de confiance acquise au fil du temps qui permet d'y aller et d'avancer. Je crois que c'est un juste milieu entre avoir confiance et savoir se remettre en question. Et non, ça n'a pas toujours été le cas. J'ai été une enfant sauvage, une adolescente réservée, rougissante, "bégayante". Je me cachais derrière de longs cheveux et une grande frange, et il ne fallait pas être sourd pour tenter de comprendre ce que je murmurais quand j'osais m'exprimer. J'ai été comme ça longtemps, mais j'ai fait des rencontres déterminantes qui m'ont permis d'oser et d'avancer.

À ton avis, est-ce l'expérience dans ta profession qui t'a donné confiance en toi ? Est-ce que ça a aidé ?

Oui, mon métier m'a permis de gonfler mon capital confiance, mais c'est surtout la confiance que les autres m'ont accordée aussi. Et ça, c'est peut-être le plus important. Se révéler avoir de la valeur dans le regard des autres. Des paroles aimantes, réconfortantes, motivantes, reconnaissantes, sont la clé selon moi. C'est le plus beau cadeau que l'on puisse faire à un être humain. C'est un long cheminement.

Ressens-tu plus ta confiance en toi dans certains domaines que dans d'autres ?

Forcément, dans les domaines que je maîtrise le mieux, mais j'ai toujours des moments de doute, des moments où je me demande si ça va aller, si c'est comme ça que je devrais procéder, mais c'est ma cuisine interne. Je ne le montre pas ou alors à mes plus proches (les pauvres !)...

As-tu des astuces pour booster ta confiance en toi ?

L'astuce, je pense la plus efficace, c'est de lâcher prise, d'arrêter de se poser des questions, de laisser son cerveau un peu en stand-by, d'y aller et de voir ce qu'il se passe. Et quand on voit ce que l'on a été capable de réaliser et bien c'est là que l'on commence à se dire : finalement je ne suis pas si nulle que ça ou si je l'ai fait cette fois-ci, j'y arriverai une autre fois... Et là, c'est parti. Après, j'ai toujours été adepte des thérapies alternatives que j'ai toujours utilisées comme des aides, des moyens de me comprendre, de révéler ce qu'il y a de meilleur en moi... Le manque de confiance en soi est souvent une conséquence d'un mal-être ancien qu'il faut guérir. La bonne nouvelle, c'est qu'il est possible d'en guérir.

Peux-tu me donner ta définition de la confiance en soi ?

C'est avoir suffisamment d'amour de soi pour oser, avoir l'audace de réaliser ce qui nous tient à cœur. C'est ressentir cette petite lumière, cette petite flamme intérieure qui nous accompagne dans ce que l'on fait, quoi qu'il arrive.

Vous pouvez avoir tout ce que vous voulez si vous abandonnez la croyance que vous ne pouvez pas l'avoir.

—DR. ROBERT ANTHONY—

LES ASTUCES « confiance en soi » de la semaine

L'astuce de Mélanie, 38 ans

"Je me fais plaisir."

*

L'astuce de Pascale, 45 ans

"Les gens qui vous font sincèrement confiance vous la transmettent, ceux qui vous prennent dans leurs bras, même quand on a mal agi, vous font passer le message que vous êtes importante, que vous comptez, même quand vous êtes bidon, même quand vous vous trompez, même quand vous decevez."

*

L'astuce de Vanessa, 37 ans

"Je me fais une bucket list à l'année que je tiens coûte que coûte, avec une nouvelle découverte par an."

*

L'astuce de Sidonie, 25 ans

"J'envoie valser les bien pensants. Je fonce, tête baissée."

*

Après lecture de ce guide, l'astuce de ________, __ ans :

La TO-DO LISTE de la semaine

- [ ] *Se sourire, chaque matin, devant le miroir. (Oui, encore et toujours !)*
- [ ] *Remplir le journal de gratitude.*
- [ ] *Faire ses exercices de respiration (voir p. 23).*
- [ ] *Savoir positiver (voir p. 145).*
- [ ] *Tester devant son miroir des postures de confiance (voir p. 146).*
- [ ] *Préparer la suite (voir p. 147).*

LE TEST
Savez-vous positiver ?

Pour cultiver la confiance en soi, le fait de savoir positiver est vraiment important. Et vous, vous êtes plutôt du genre à voir le verre à moitié plein, à moitié vide ou à être persuadée que vous allez entièrement le renverser ?

1. Une journée qui commence mal, c'est :

A Une journée qui finit mal.

B Une journée à laquelle il faut laisser sa chance.

C Une journée qui ne peut que mieux finir !

2. Chanter sous la douche, c'est :

A Un mythe.

B Peut-être que d'autres le font.

C Votre réalité.

3. Alors que vous avez prévu une semaine à la montagne, vous vous faites une entorse à la cheville :

A Ouais, bah autant tout annuler.

B C'est vraiment pas de bol, vous y allez pour faire plaisir aux copains.

C C'est la *loose*, mais vous allez quand même boire du vin chaud et bouquiner en terrasse !

4. C'est votre anniversaire aujourd'hui !

A Comme une fois par an.

B Vous espérez que vos proches vont penser à vous.

C Oh oui ! Vous adorez cette journée, c'est la vôtre !

5. Vous êtes en voiture, et vous découvrez un magnifique ciel rempli de couleurs.

A Vous restez concentrée sur la route.

B Vous vous faites la remarque qu'il est beau.

C Vous vous arrêtez sur le bas-côté pour l'admirer.

6. Vous arrivez à la caisse du supermarché et au moment de payer, vous vous rendez compte que vous avez oublié votre portefeuille :

A Vous vous dites que c'est vraiment une journée de merde.

B Vous vous dites que vous n'avez pas de chance sur ce coup-là.

C Vous vous dites que décidément, vous êtes une « serial faileuse » et que ça va encore en faire rire plus d'un… Vous la première !

VOUS AVEZ UN MAX DE A : Nan, mais ma chériiiiiiiiiie, ça ne va pas dou tout !!!! Il faut positiver ! (Normalement, vous êtes juste censée lire cette réponse, mais qu'elle ne soit pas pour vous, avec tous les exercices pratiques déjà faits, non ? ! Sinon, il va falloir en reprendre certains !)

VOUS AVEZ UN MAX DE B : Vous êtes plutôt optimiste, alors encore un effort et le verre sera toujours à moitié plein !

VOUS AVEZ UN MAX DE C : Vous êtes positive, et peu de choses vous démoralisent. C'est top, et un grand pas en avant sur le chemin de la confiance en soi !

POUR (SE) COMPRENDRE
La posture de la confiance

La communication non verbale, c'est notre façon de nous tenir, de regarder, de bouger. Souvent, elle trahit nos émotions ou nos pensées. Et si, en utilisant des postures de winners, on pouvait se donner confiance en soi ? Effet placebo ou avéré ? C'est à tenter !

Si je vous dis Hulk, Wonder Woman ou Superman, vous les visualisez immédiatement dans une certaine position. Une position de force. Pensez à un sportif qui passe en premier la ligne d'arrivée (juste avant qu'il ne s'affale en pleurant parce qu'il a tout donné, hein) : il est dans une position de vainqueur. Est-ce qu'en utilisant ces positions, on peut se donner du courage et de la confiance en soi ?

C'est ce que pense une psychologue américaine, Amy Cuddy, qui appelle ces postions les « power postures », ou « power poses ». Ce sont des positions que nous pouvons adopter pour paraître confiantes, à l'aise. Plutôt que de nous recroqueviller sur nous-même pour passer inaperçues, avec les « power postures », on s'allonge au maximum vers le haut, on prend de l'espace avec notre corps pour s'imposer. Se tenir debout avec les mains sur les hanches comme Wonder Woman, debout, les mains posées à plat sur une table comme une chef d'entreprise, assise, avec les mains derrière la tête et les coudes pointés vers le ciel...

Adopter ces postures pendant quelques minutes avant de passer un entretien ou de s'exprimer en public nous donnerait du courage. Seule, de préférence. Parce que rentrer dans le bureau du boss en tournant comme Wonder Woman ne donnera peut-être pas une impression de sérénité totale, n'est-ce pas ? !

Quoi qu'il en soit, relever le menton et regarder les gens en face, avec les bras sur les hanches ou bien allongés, donnerait à notre interlocuteur, mais aussi à nous-même, un sentiment de confiance, de pouvoir.

- **Ce qu'il faut éviter :** se mettre en retrait, se recroqueviller, baisser la tête ou les épaules, croiser les mains ou les bras.

- **Ce qu'il faut faire :** imaginer qu'on est Wonder Woman ou Beyoncé, relever la tête, les épaules, bomber le torse, garder la tête droite, comme si une ficelle invisible était attachée du sommet de notre tête depuis le plafond.
Essayez quelques postures devant votre miroir, chez vous, et prenez-vous en photo pour voir la différence !

EXERCICE PRATIQUE
Préparer la suite !

Vous avez énormément progressé ces dernières semaines. Vous avez réussi à définir qui vous étiez au fond de vous, à pointer du bout du doigt vos faiblesses et à travailler dessus. Vous avez réussi à vous exprimer plus facilement en public, à oser dire non, à vous affirmer.

Vous avez, d'ores et déjà, grâce aux to-do listes, créé quelques rituels qui vous ont fait du bien.

C'est le moment d'aller de l'avant, parce que d'ici quelques jours, voire quelques heures, lorsque vous aurez fait le bilan de ce troisième mois, vous serez livrée à vous-même... et autant il est facile de prendre de bonnes habitudes, autant il est aussi très facile de récupérer ses anciens travers et de se recroqueviller de nouveau dans sa petite zone de confort.

Alors, voici l'exercice pratique de la semaine : définir les prochaines étapes.

Pour chaque item, donnez-vous un petit objectif, que vous allez pouvoir faire progresser au fur et à mesure de votre évolution :

Vos petits rituels pour booster sa confiance :

....

....

....

Votre prochaine envie pour affronter l'inconnu :

....

....

....

Votre prochaine astuce pour vous détendre :

....

....

....

Votre prochain défi :

....

....

....

Ce qui va vous aider :

....

....

....

ALLEZ, À VOUS DE JOUER !!!

Bons défis à vous !

Le top 10 des qualités à explorer

Pour cette dernière semaine, vous allez vous créer le top 10 de vos qualités. Regardez bien ces adjectifs, entourez au crayon de papier les dix qui vous ressemblent le plus. Laissez-vous le temps de la réflexion et surlignez-les. Il y a en a vingt qui vous vont comme un gant ? Surlignez-les tous, ce sera votre top 20 !

accueillante	franche	posée
adorable	gaie	positive
agréable	généreuse	précise
ambitieuse	honnête	prudente
amusante	humaine	raisonnable
attrayante	impliquée	rassurante
bienveillante	intelligente	réaliste
brillante	investie	réconfortante
calme	joueuse	réfléchie
chaleureuse	joviale	résistante
convaincante	logique	respectueuse
courageuse	lucide	responsable
débrouillarde	minutieuse	rigolote
déterminée	motivée	sage
diplomate	observatrice	sensible
droite	optimiste	sereine
drôle	organisée	spontanée
dynamique	patiente	tolérante
empathique	persévérante	travailleuse
élégante	polyvalente	volontaire
fidèle	ponctuelle	vraie

FOCUS
Le relooking

On pourrait penser que le relooking joue sur l'estime de soi, mais comme on va le voir dans cet entretien avec Serena, coach en image et "relookeuse", cela joue sur bien plus encore.

Les femmes qui viennent te voir le font-elles pour changer ou parce qu'elles manquent de confiance ou d'estime ?
C'est un mélange des deux. Mais bien souvent, l'envie de changement renforce quelque chose de plus profond, un manque de confiance, d'estime, une blessure.

Quel est ton rôle en tant que relookeuse ?
Mon rôle ce n'est pas de les déguiser, mais de comprendre qui elles sont pour les mettre en valeur tout en respectant leur personnalité. Je veux qu'elles deviennent bienveillantes envers elles-mêmes, qu'elles s'accordent le droit d'être imparfaites, je veux leur faire prendre conscience qu'on l'est toutes. Bon, sauf Monica Bellucci, mais il fallait bien une exception.

En quoi cela peut-il aider les femmes à s'affirmer, à gagner en confiance ?
L'apparence est importante. Pas pour les autres, pour soi. Si le reflet dans le miroir nous plait, si on se sent en confiance avec cette coupe de cheveux, à l'aise et mise en valeur dans cette tenue, alors on se sent aussi plus forte. Et lorsqu'une femme se sent forte et en confiance, alors elle peut tout faire.

Comment t'y prends tu ?
Je leur demande de laisser leurs *a priori* et leurs habitudes en dehors de la cabine d'essayage. Souvent, elles repartent avec des pièces qui les faisaient rire avant de les avoir essayées ! Mais c'est normal, on a tendance à aller toujours vers les mêmes choses, donc lorsqu'on vient bousculer tout ça, ça surprend. Aussi, lorsqu'elles pointent du doigt un défaut, je mets en avant une qualité. C'est une sorte de partie de ping-pong. Je gagne toujours.

As-tu des récits d'expérience ou des anecdotes qui montrent comment le relooking peut aider à redonner confiance ?
Oui, j'ai revu une cliente six mois après un relooking. Elle voulait qu'on se revoit pour une séance shopping. Lorsque je suis arrivée à notre rendez-vous je l'ai cherchée, en vain. En fait, elle était bien là, mais je ne l'avais pas reconnue. Elle s'était métamorphosée. Au-delà de la silhouette, c'était sa façon d'être, de se tenir, qui n'était plus la même ! Elle ne se cachait plus, elle avait la tête haute, elle rayonnait. Le relooking avait été un petit coup de pouce qui a déclenché tout un tas de bouleversements, de changements et de remises en question. Elle avait changé de travail, trouvé un nouvel amoureux, changé d'hygiène de vie, repris le sport. J'étais bluffée !

Qu'aimerais-tu dire aux femmes qui manquent de confiance en elles ?
Prenez soin de vous, personne ne le fera à votre place. Aimez-vous, vous avez le droit, vous le méritez. Votre corps vous le rendra. «Soyez vous-mêmes, les autres sont déjà pris.»

Vous pouvez retrouver Serena sur son site : http://www.seebyse.com et pensez à un relooking pour sortir de votre zone de confort et pointer du doigt vos qualités !

LE COUP DE POUCE
Soyez vous-même !

Oscar Wilde disait : "Soyez vous-même, les autres sont déjà pris." Il avait absolument raison.
Aujourd'hui, entre la télévision, les magazines et les réseaux sociaux, on a vite fait de se sentir "moins bien que". On aurait tendance à comparer notre petite vie routinière et sans grand intérêt pour les autres aux merveilleuses images d'un quotidien plus que parfait, rempli de strass et de paillettes.

On pourrait avoir envie de « ressembler à », de « faire comme ». Mais stop !

Derrière les jolies photos ou les histoires merveilleuses, il y a les coulisses. Cette femme à la plastique parfaite qui se dandine sur une plage de sable fin s'entraîne dur pour avoir le corps qu'elle veut bien nous montrer. Elle pose également d'une certaine façon. Ne nous voilons pas la face, il y a des échecs derrière ces *storytelling* incroyables, des souffrances derrière ces bonheurs sur papier glacé, des disputes derrière ces apparences de joie intense, des failles derrière ces sourires resplendissants.

La vie n'est un conte de fées pour personne. Par contre, vous pouvez choisir de mettre du conte de fées dans votre vie.

En évitant de vous comparer ou d'imiter, mais en vous inspirant de. Cette déco scandinave vous plaît ? Prenez-la en exemple pour vous créer le salon dont vous rêvez, avec vos moyens, votre créativité et ce que vous avez à disposition.

Gardez votre personnalité, tout en vous disant que vous pouvez réussir à devenir qui vous voulez, pour une seule et excellente raison : parce que vous le pouvez !

Et surtout, surtout, n'ayez pas peur d'être différente. Qui ne l'est pas ? On est tous uniques.

Si vous détestez la déco scandinave qu'on voit partout sur Instagram (oui, j'aime bien cet exemple parce qu'il est parlant !), ne vous forcez pas parce que c'est à la mode. Gardez votre style, vos envies, et assumez-les.

Dites-vous qu'en devenant vraiment vous-même sans essayer de copier quelqu'un d'autre, il y a de fortes chances pour que vous deveniez vous-même le modèle de quelqu'un… et, entre nous, c'est sûrement déjà le cas !

Le témoignage de...

Vous avez été habituée à découvrir des récits de personnes inspirantes. C'est à votre tour d'écrire le vôtre. Parlez des symptômes du manque de confiance, du moment où vous avez eu envie de dire STOP, des motivations qui vous ont guidée, des astuces qui vous ont boostée. Parlez de vous, à l'heure actuelle, et surtout, dites-vous à quel point vous pouvez être fière de vous.

Troisième mois

L'heure du bilan

Voilà, le dernier mois est fini.
C'est maintenant l'heure du bilan, prenez le temps de vous poser, d'y réfléchir et d'en dégager en top priorité les résultats positifs. Ce sont ceux-là qui comptent ! Quant aux autres, il est encore temps de s'y (re)mettre, et d'analyser les raisons de vos échecs, en trouvant un moyen de les réussir.

Quoi qu'il en soit, vous êtes allée au bout de ces trois mois, et ça, c'est déjà une réussite énorme dont vous pouvez être fière !

Dès à présent, notez, en quelques mots :

- L'astuce que j'ai retenue ....
- Le défi qui me fait du bien ....
- Ma citation fétiche ....
- Le focus qui pourrait m'intéresser ....
- L'exercice que j'ai le moins réussi et que je vais refaire ....
- Le truc qui m'a rendue hyper fière de moi ....
- Le sentiment d'échec que j'ai ressenti........................
- Ce que je compte faire pour y remédier ....
- Comment je me sens à la fin de ce dernier mois..................
- Ce que je garde en tête à l'issue de ce dernier mois..............

Bilan du mois 3

LE TABLEAU DE L'HUMEUR

Parce que la bonne humeur est importante, notez ici, pour chaque jour, comment vous vous êtes sentie en fin de journée, de 1 à 10, avec un petit smiley pour vous aider à visualiser.

MOIS 3	Semaine 1	Semaine 2	Semaine 3	Semaine 4
Lundi				
Mardi				
Mercredi				
Jeudi				
Vendredi				
Samedi				
Dimanche				

LE TABLEAU DES VICTOIRES

Et dans ce calendrier-ci, notez un mot ou une phrase, pour vous souvenir d'une victoire, d'un moment où vous avez ressenti de la fierté. Vous avez bien évidemment le droit d'en mettre plusieurs... Par contre, vous êtes dans l'obligation d'en noter AU MOINS UNE !

MES VICTOIRES	
Semaine 1	
Semaine 2	
Semaine 3	
Semaine 4	

Le bilan des tests

	Mon résultat	Ce que j'en pense	En quoi je peux encore m'améliorer
Comment gérez-vous les échecs ?			
Êtes-vous sociable ?			
Quelle gentille êtes-vous ?			
Savez-vous positiver ?			

LE BILAN DES EXERCICES PRATIQUES

	J'ai réussi haut la main (peau d'lapin !!!)	C'était dur, mais ça fait du bien	Je vais encore le travailler !
Transformer ses échecs en petites victoires			
S'exprimer en public !			
La boîte à fiertés			
Préparer la suite !			

Mon bilan des 3 mois

Voici une page rien que pour vous. Notez-y vos difficultés et ce que vous comptez faire pour y remédier, mais aussi toutes les petites victoires, même minimes, que vous avez vécues, et votre ressenti. C'est à vous !

Bilan des 3 mois

Après avoir écrit votre témoignage,
vous savez déjà sûrement là où vous en êtes.
Et puisque vous êtes arrivée à la fin de cet ouvrage,
c'est que vous avez déjà fait énormément d'efforts
dont vous pouvez être absolument fière.
(À moins que vous n'ayez commencé par la fin,
dans ce cas, ouste ! Filez immédiatement au début !)

Bon, et sinon, vous êtes fière de vous, non ?
Et ça, ça fait du bien, non ?
Allez, ne faites pas la modeste... Ça fait grave du bien, oui !

*

Vous êtes maintenant prête à prendre votre envol.
Vous avez sûrement pris des décisions lors de ces trois derniers mois,
de nouvelles habitudes aussi...

*

C'est à vous de continuer, je vous fais confiance...
et vous pouvez vous aussi vous faire confiance !!!

*

N'oubliez pas que l'échec fait partie de l'expérience.
Relevez-vous !

*

N'hésitez pas à reprendre ce livre depuis le départ
si vous commencez à trembloter. N'oubliez pas de bien respirer.

*

Continuez à écrire vos impressions, vos sentiments,
vos victoires, vos fiertés. Apportez-vous les améliorations
que votre vie mérite pour vous offrir le meilleur.

Je vous souhaite ce meilleur.

Remerciements
Je me doutais que la notion de confiance en soi allait toucher du monde... Je n'imaginais pas à quel point. Alors tout d'abord, un immense merci du fond du cœur aux 1067 personnes qui ont répondu à mon questionnaire et qui m'ont fait assez confiance pour se livrer corps et âme.
Merci à ceux qui ont répondu à mes questions encore plus pointues pour alimenter les témoignages : Isabelle, Claire, Méo, Marielle, Delphine, Stéphane, Charlotte Bonnet, Anne, Angie, Virginie Grimaldi, Leslie Sawicka-Nemer.
Un grand merci pour leur expertise à Jessica Thibaut-Cottebrune, Laurène Guy-Clavier, Serena Giulinao Laktaf, Delphine Nolin, Harmony et Margaux Clément (à retrouver dans les focus).
Merci à toutes celles dont les astuces figurent dans ce livre, mais aussi à tous ceux avec qui j'ai pu échanger longuement ces dernières semaines... Des discussions riches, intéressantes, et qui m'ont également enseigné tellement de choses sur moi-même.
Et enfin, merci aux éditions Hachette qui dès le départ, m'ont fait confiance. C'est trop bon de bosser avec vous ! (Coucou Laura, coucou Emmanuelle !)
Ah, on me dit dans l'oreillette que je si ne dis pas merci à ma maman de m'avoir toujours aidée à avoir confiance en moi, elle va bouder ! J'en profite aussi pour remercier mon mari d'amour qui me soutient dans mes projets, mes expériences, mes échecs et mes réussites.
Merci enfin à vous, qui lirez ce livre. Je vous dis à bientôt sur les réseaux sociaux !

Notes

Notes

Direction Hachette Pratique : Catherine Saunier-Talec
Responsable d'édition : Stéphane Rosa
Responsables de projet : Laura Gélie-Mouliet
Responsable artistique : Nicolas Beaujouan
Préparation de copie : Emmanuelle Fernandez
Lecture-correction : Audrey Peuportier
Mise en pages : Nord Compo

Illustration de couverture © Sibylline Meynet
Illustrations : Fotolia/ © zsooofija, © gmm2000, © arkadiwna, © undrey, © arkadiwna, © KatyaKatya

Fabrication : Aude Cauchet
Responsable partenariats : Sophie Morier (smorier@hachette-livre.fr)

Dépôt légal : janvier 2018
64-1839-5/04

ISBN : 978-2-01335076-1

Achevé d'imprimer en novembre 2021
par Graficas Estella en Espagne

58, rue Jean Bleuzen – 92178 VANVES CEDEX